cDv

DRESSLER

W0084969

Dagmar Chidolue

Millie geht zur Schule

Illustrationen von Gitte Spee

Cecilie Dressler Verlag · Hamburg

Viele andere Millie-Geschichten
erzählt Dagmar Chidolue in ihren Büchern
Millie in Paris
Millie auf Mallorca
Millie feiert Weihnachten
Millie in Italien
Millie in London

Von der Autorin sind im Dressler Verlag
außerdem erschienen:
Pink Pätti
Anton Pochatz – Klassenclown
Pischmarie
Magic Müller
No Bahamas
Juppi – Tapferer kleiner Tapezierer
Juppi – Wer ist denn hier der Boss?
Juppi – Zum Teufel mit der Mütze!

© Cecilie Dressler Verlag, Hamburg 1998
Alle Rechte vorbehalten
Einband und Illustrationen von Gitte Spee
Lektorat: Maren Jessen
Gesamtherstellung: Clausen & Bosse, Leck
Printed in Germany 1998*
ISBN 3-7915-0395-2

Inhalt

Ein Test und was nicht noch alles 7

Hier kommt Millie 20

Das Geschenk 33

Finger weg! 46

Das große Fideralala 58

Der rote Engel 69

Heute ist der Teufel los 81

Lauter Luftschlangen 96

Millie ist ein bisschen krank 105

Feiertag 114

Mit leichtem Herzen 124

Sahnebonbons 132

Ein Glückstag 141

Lieber Herr Minister 151

Ein Test und was nicht noch alles

Millie ist schon lange sechs Jahre alt. Noch bevor sie im
Februar sechs wurde, hat sie nämlich eine ganze Zeit lang
einfach behauptet, sie sei schon **sechs**. Das war nur ein bisschen gelogen. Denn *fünfeinhalb* ist schließlich schon fast
sechs.

Das letzte Jahr ist das längste Jahr in Millies Leben gewesen.
Es hat gedauert und gedauert und gedauert. Endlich war es
so weit: Millie hatte Geburtstag und wurde wirklich sechs!
Kucki, ihre Freundin aus dem Kindergarten, ist schon vor
Millie sechs Jahre geworden. Kucki wird sogar bald sieben!
Sie ist groß und stark.

Millie ist nicht ganz so groß und nicht ganz so stark. Aber
es reicht aus.

Kucki verkloppt immer die anderen Kinder im Kindergarten. Zum Beispiel Bille und Mario und Mirko. Mario will
nämlich dauernd aufs Mädchenklo. Dann haut Kucki so
doll zu, dass es klatscht.

Millie traut sich das nicht. Aber ein Mal hat sie ihrem
besten Freund Gus eine reingedonnert. Da war Gus
gerade nicht ihr bester Freund.

Millie und Kucki kommen bald in die Schule. Sie wollen unbedingt in dieselbe Klasse und zusammensitzen. Ob das geht?

Gus sagt, das geht nicht. Wulle sagt, es geht.

Wulle ist auch Millies bester Freund. Er wohnt gegenüber und nachmittags sausen Wulle und Millie mit ihren Rädern auf der Straße, dort, wo ganz selten Autos fahren. Die Straße ist nämlich eine Sackgasse. Wenn sie dort ihre Runden drehen, ist Gus meistens auch dabei.

Gus und Wulle sind schon in der zweiten Klasse. Und sie kommen in die dritte, wenn Millie in der ersten Klasse anfängt.

Es gibt acht oder neun oder zehn Dinge, die passieren müssen, bevor man in die Schule gehen darf. Das Wichtigste ist der Test. Und was nicht noch alles.

Papa sagt, das Wichtigste ist Rad fahren können. Und Mama sagt, das Wichtigste sind die **Zahnlücken**. Man muss mindestens eine haben.

Frau Morgenroth hat wohl gedacht, das Wichtigste für die Schule ist das Federmäppchen. Sie hat Millie schon zum Geburtstag eins geschenkt.

Frau Morgenroth ist so etwas wie eine Tante von Millie, obwohl sie gar nicht verwandt sind. Sie ist eine Nachbarin und passt auf Millies kleine Schwester Trudel auf, wenn Mama und Papa wegmüssen. Und ein bisschen passt sie auch auf Millie auf. Aber nur ein bisschen!

»Das werden wir gleich mal weglegen«, hat Mama gesagt und das Mäppchen am Tag nach dem Geburtstag irgendwo **verwahrt**. Millie weiß gar nicht mehr genau, wie es aussieht und was drin ist. Jedenfalls ist es bunt. Frau Morgenroth sagt nicht *Mäppchen* zu dem Federmäppchen. Sie sagt *Etui* und spricht das komisch aus: *Etü*.

Der Test ist als Zweites drangekommen. Das mit dem Mäppchen ist die Nummer eins gewesen.

Mama führt eine Liste über alle Dinge, die noch bis zum Schulanfang zu erledigen sind: Ranzen kaufen, Schultüte basteln, Rad fahren lernen, Test bestehen, Milchzahn. Mehr ist ihr nicht eingefallen. Es gibt aber sicherlich noch mehr. Schultüte füllen zum Beispiel. Mama wird hoffentlich rechtzeitig dran denken.

Dann ist also der Test drangekommen.

Die Kindergartenkinder sind sehr aufgeregt. Man kann nämlich auch **durchfallen**. Und wenn man durchfällt, darf man noch nicht in die Schule. Das ist blöd, weil alle unbedingt in die Schule wollen.

Die ganze Kindergartengruppe marschiert zum Test in die Schule. Die Schule ist genau gegenüber. Man braucht nur über den Hof zu gehen.

Und in der Schule dürfen sie sich auf die Schulstühle setzen. Die Schulstühle sind nur ein bisschen größer als die Kindergartenstühle. Na. Immerhin.

Den Test bekommen sie von einem Mann, der schiefe Haare auf dem Kopf hat. Oder ist es eine Mütze aus Haaren?

Hach, was ist der Test leicht! Alles Baby! *Baby* sagt man, wenn etwas pickepackeleicht ist. Zum Beispiel ist zählen Baby und Butterbrot schmieren. Das eigene Bett machen ist auch Baby. Aber mit der Strickliesel stricken ist nicht Baby. Da muss man nämlich ganz doll aufpassen, dass sich der Faden nicht verheddert. Überhaupt: Bis da unten am Stiel mal ein Stück Schnur rauskommt! Da ist einem die **Lust** längst vergangen.

Der Test ist auf einem Stück Papier. Man muss Striche machen und Punkte verbinden.

Mensch, die sind so doof, dass sie nur halbe Zahlen auf das Blatt gemalt haben. Haken und Kuller und Ecken und Ösen. Mäuseohren. Eiernudeln.

Haben die gedacht, Millie merkt das nicht? Haben die das gedacht?

Millie macht aus den Mäuseohren Dreien und aus den Eiernudeln Zweien. Sie kennt die Zahlen. Von eins bis zwölf.

Hinten auf dem Zettel sollen sie ihren Namen schreiben. In großen Buchstaben.

Meint der Mann mit der haarigen Mütze, dass Millie ihren
Namen nicht schreiben kann? Da hat er sich aber geschnitten.
M und I und L und noch ein L und I und E. Rauf, runter,
rauf, runter und so weiter.
Millie schreibt mit großen Buchstaben. Mit sehr, sehr großen
Buchstaben.
Mist! Millies Buchstaben sind zu groß geworden. Am Schluss
passt nur noch das zweite I auf das Blatt.
Und was jetzt?
Wenn sie das E nicht mehr draufkriegt, hat sie ihren Namen
falsch geschrieben. Dann ist sie durchgefallen.
Ach du liebe Zeit.
Millie schiebt sich vor lauter Aufregung den Bleistift weit in
den Mund. Sie beißt auf dem weichen Holz herum. Das Holz
schmeckt wie **Apfelbaum**, gar nicht so schlecht, und die
Fasern bleiben zwischen den Zähnen stecken.
Millie muss ganz tief nachdenken. Sie schließt die Augen.
Wenn man nichts mehr von draußen sieht, kann man in sich
hineinschauen, auch wenn es dunkel ist. Dann bekommt man
gute Gedanken und wenn man Glück hat, kann man einen
von den guten Gedanken einfangen.

Jetzt kann Millie die Augen wieder öffnen. Sie hat einen
guten Gedanken erwischt.

Unter dem letzten I ist noch ein wenig Platz. Dorthin zeichnet Millie einen kleinen Pfeil. Der Pfeil führt nach rechts zum Rand des Blattes. Das bedeutet, dass der Name auf der anderen Seite noch weitergeht. Der Haarmützenmann braucht nur den Zettel umzudrehen. Und was sieht er dann? Neben all den Eiernudeln und den Mäuseohren steht da auch ein großes E. Gleich am linken Rand, damit man weiß, dass der Anfang auf dieser Seite eigentlich das Ende der anderen Seite ist.

Hoffentlich kapiert er das! Und wenn nicht? Was dann? Ist Millie dann durchgefallen? Mannomann! Millie muss tief Luft holen, wenn sie nur dran denkt.

Ob sie den Test bestanden haben, erfahren die Kinder erst ein paar Tage später im Kindergarten.

Mario hat bestanden. Bille hat bestanden. Kucki hat auch bestanden.

Sie werden einer nach dem anderen aufgerufen.

»Millie?«

»Jaha?« Ihr Herz ist in die Hose gerutscht.

Bestanden!!!

Huch! Millie merkt genau, wie das Herz wieder hochsaust, dahin, wo es hingehört.

Da sind aber noch die anderen Dinge, an denen man merkt, ob Millie schulreif ist. Reif? Das hört sich an, als ob sie wie ein roter, dickbäuchiger Apfel aussehen muss, der jeden Moment auf den Rasen plumpst.

Millie jedenfalls sieht nicht so aus.

Kucki sieht so aus.

Aber ausgerechnet Kucki hatte es mit der Nummer drei besonders schwer. Sie hat es kaum geschafft, mit dem rechten Arm über den Kopf bis zum linken Ohrläppchen zu greifen. Das ist nämlich Nummer drei. Kucki kam immer nur bis zum Loch im Ohr. Sie hat leider Mettwurstarme.

Millies kleine Schwester Trudel kommt mit ihren Pfoten auch noch nicht an ihr Ohr. Aber bei Trudel ist das nicht so schlimm. Sie ist erst ein Jahr und acht Monate alt. Trudel geht ja noch nicht einmal in den Kindergarten. Man muss sie zu Hause aushalten.

Doch Kucki soll mit Millie zusammen in die Schule kommen.

»Das kriegen wir schon hin«, hat Millie gesagt.

»Meinst du wirklich?« Kucki hätte fast geheult.

»Wir müssen dich eben recken«, hat Millie gesagt.

Und dann haben sie Kucki wochenlang gereckt. Kucki auf der einen Seite und Millie auf der anderen.

Kucki hat sich mit einer Hand an der Türklinke vom Mädchenklo festgehalten. Und Millie hat an Kuckis freier Hand gezogen, so fest sie konnte.

»Aua, aua«, hat Kucki gejammert. Wenn sie jammerte, haben sie aber sofort aufgehört. Trotzdem hat es was genützt! Jetzt kann Kucki bis an ihr Ohrläppchen greifen.

Millie hat so lange Arme, dass sie sich sogar mit der linken Hand an der rechten Halsseite kratzen kann und mit der rechten Hand an der linken Seite. Arm überm Kopf! Und nicht gemogelt!

Was ist noch passiert?

Ach, die Sache mit dem Zahn!

Kucki hat schon lange zwei große Zahnlücken. Ihr Mund sieht aus wie ein offenes Walfischmaul. Die nasse Zunge rutscht immer raus.

Aber bei Millie hat sich noch nichts gerührt. Sie hat die

Zähne der Reihe nach ausprobiert. Ob nicht doch endlich einer wackelt. Wie würde sie denn aussehen, wenn die Schule losgeht und sie den Mund noch voller Milchzähne hat! Schließlich, vor ungefähr vier Wochen, hat der Zahn in der Mitte unten links zu jucken angefangen.

»Jucken ist ein gutes Zeichen«, hat Kucki gesagt.

Dann ist aus dem Jucken ein süßer Schmerz geworden. Fast wie bei einem Mückenstich, den man unbedingt aufkratzen muss. Und Millie hat am Zahn geruckelt wie verrückt, erst mit der Zunge und dann mit den Fingern.

Schließlich ist der Tag gekommen, da begann das Zahnfleisch beim Ruckeln zu knirschen. Jetzt kann Millie den Zahn schon ein bisschen schief legen. Mann, das tut vielleicht weh! Beim Zähneputzen muss sie den Wackelzahn auslassen, weil sie sonst den tiefen, süßen Schmerz nicht ertragen würde.

Mama und Papa warten auch darauf, dass der Zahn endlich rausfällt. Mama hat eine hübsche kleine Holzkiste mit einem Schiebedeckel. An den Seiten sind dicke, graue Elefanten aufgemalt. Und um die Elefanten herum ist ein Bilderrahmen in Rot gezeichnet.

In dieser hübschen Kiste ist nichts drin, **nix**, denn da sollen Millies Milchzähne rein.

»Dass du mir ja den Zahn mitbringst, wenn er rausgefallen

ist!«, hat Mama befohlen. Sie ist ganz scharf auf Millies Milchzähne.

Dann ist der Zahn plötzlich weg. Er kann nur im Kindergarten rausgefallen sein. Denn morgens steckte er noch im Mund. Millie hat sich beim Zähneputzen im Spiegel betrachtet. Alle noch da!

Nachmittags im Kindergarten schreit Kucki plötzlich los: »Du hast eine Lücke! Du hast eine Lücke!«

Millie ist vor Schreck gleich aufs Klo gerannt. Da sind die Spiegel extra niedrig aufgehängt.

Tatsächlich! Eine **Lücke**!

Sonst ist nicht viel zu sehen. Nur ein Loch. Kein Blut.

Und wo ist der Zahn geblieben?

Das darf doch nicht wahr sein!

Alle Kinder helfen Millie suchen. Sie rutschen im Gruppenraum auf den Knien herum. Sie krabbeln im Flur unter die Garderobenregale. Dann suchen sie die Küche ab. Da ist Frau Opelka. Sie hat beim Aufräumen nichts gefunden. Das schwört sie. Und Millie darf sogar in den Abfalleimer schauen, wo der zusammengefegte Dreck vom ganzen Tag gelandet ist.

Nichts zu sehen.

Millies Augen werden schon feucht.

Frau Opelka nimmt Millie in den Arm. Aber das nützt

nichts. Was soll denn jetzt in die Elefantenkiste rein? Und was wird Mama sagen?

Millie hält die Tränen noch ein bisschen an. So, dass sie zwar in den Augen stehen, aber noch nicht runterkullern.

Kucki und Millie laufen erst noch mal aufs Klo um in die Kloschüsseln zu schauen. Man kann ja nie wissen!

Aber da ist auch nichts zu sehen.

Schließlich sieben sie noch den Sand draußen auf dem Spielplatz mit den Plastikförmchen durch.

»Sucht ihr nach Gold?«, brüllt Mario.

»Halt bloß deinen Babbel!«, schreit Kucki zurück.

Millie und Kucki wühlen den ganzen Sandkasten durch. Aber es ist umsonst. »Er ist verschütt gegangen«, sagt Kucki und hebt ihre Schultern hoch, als ob sie schuld dran wäre.

»Verschütt?«, fragt Millie entsetzt.

»Futsch«, sagt Kucki und lacht verlegen.

Millie fängt doch an zu heulen. Sie könnte den Zahn ja auch verschluckt haben. Und was dann?

Mama bekommt einen gehörigen Schrecken, als sie Millie abholen will und ein verweintes Häufchen Unglück sieht.

»Was um Himmels willen ist denn los?«, fragt sie.

»Hier«, sagt Millie und reißt den Mund auf.

Trudel schaut auch in Millies Mund. Sie steckt ganz andächtig ihren Finger in die Lücke. »Aua«, sagt sie ehrfurchtsvoll.

Na, Trudel muss ja nicht wissen, dass es eigentlich gar nicht wehtut.

Millie heult stattdessen noch ein wenig mehr und Mama fragt: »Hat es denn so wehgetan?«

Da schüttelt Millie den Kopf und zieht die Nase kräftig hoch. »Aber er ist verschütt gegangen«, jammert sie.

»Verschütt?«, fragt Mama. »Was meinst du damit?«

»Futsch«, sagt Millie.

»Ach«, sagt Mama. »Das ist doch nicht so schlimm.«

»Und was tust du jetzt in die Elefantenkiste?«, will Millie wissen.

»Wir warten einfach auf den nächsten Zahn«, sagt Mama. Und noch zehn Tage bis zum Schulanfang.

Hier kommt Millie

»Bis du in die Schule kommst, musst du noch ein Schullied lernen«, sagt Gus. Er und Wulle fahren auf der Straße mit ihren Rädern eine Runde nach der anderen. »Stimmt's, Wulle?«

»Jaha«, sagt Wulle.

»Was für'n Lied?«, fragt Millie. »Ich kenne tausend Lieder.«

»Aber kennst du auch ein Schullied?«, fragt Gus.

Millie sitzt auf ihrem Rad. Das ist schon fast ein richtig großes Fahrrad, aber es hat noch zwei Stützräder an den Seiten montiert. Papa hat zwar versprochen, Millie das Radfahren richtig beizubringen, aber abends stöhnt er immer, dass er keine Zeit hat. Millie findet sowieso, dass Rad fahren mit Stützrädern viel bequemer ist. Man kann sich ganz schlapp drauf setzen und knallt trotzdem nicht hin. Und das Rad bleibt stehen, auch wenn man drauf rumhampelt.

»Was für'n Schullied?«, fragt Millie wieder.

Sie ist misstrauisch. Gus ist nämlich eine Pflaume. Nee, das stimmt nicht. Wulle ist eine Pflaume und Gus ist ein richtiger Blödmann. Wenigstens manchmal. Man weiß nie genau, wann er ein Blödmann ist und wann nicht.

Gus stoppt sein Rad genau vor Millie.

»Oder du musst ein Schulgedicht auswendig können«, sagt er. »Stimmt's, Wulle?«

»Jaha«, sagt Wulle. Weil er meistens das sagt, was Gus hören will, ist Wulle eine Pflaume. Wenn Gus nicht in der Nähe ist, kann man gut mit Wulle spielen. Dann ist er der beste Freund.

»Was für'n Gedicht?«, fragt Millie.

»Zum Beispiel ...«, sagt Gus. »Zum Beispiel ... Jedes Backhuhn war einmal ein Kackhuhn.«

Wulle prustet laut los vor Lachen.

Millie zieht die Nase kraus. »Das ist doch kein Gedicht!«, ruft sie.

»Was denn sonst?«, brüllt Gus. »Alles, was sich reimt, ist ein Gedicht. So was lernst du in der Schule. Oder was meinst du, was ein Gedicht ist?«

»Wind, Wind, blase«, sagt Millie auf. »Dem Bäumchen um die Nase.«

»Pah«, sagt Gus. »Das ist doch Baby! Wenn du in die Schule gehen willst, dann musst du ganz andere Sachen können.«

»Jedes Backhuhn war einmal ein Kackhuhn«, sagt Wulle und Gus fährt fort: »Und in der Brotdose lag schon mal die …«

Das letzte Wort flüstert er Wulle ins Ohr. Dabei hat er sich extra von Millie abgewendet. Wulle lacht sich schief und Gus dreht sich wieder zu Millie um.

»Das darfst du nicht hören«, sagt er. »Das ist nichts für kleine Kinder.«

»Selber klein«, sagt Millie und tritt ihr Fahrrad an.

»Aber sie könnte doch die *blauen Berge* aufsagen«, schlägt Wulle vor.

»Au ja«, sagt Gus. »Von den blauen Bergen kommen wir. Unser Lehrer ist genauso doof wie wir. Mit der Brille auf der Nase sieht er aus wie'n Osterhase. Von den blauen Bergen kommen wir.«

Fein! Das lernt Millie sofort.

Jetzt radeln sie zu dritt in der Runde und singen lauthals *Von den blauen Bergen kommen wir*. Was man für die Schule alles lernen kann!

Abends fällt Papa wieder ein, dass Millie unbedingt noch **richtig** Rad fahren können muss, bevor sie in die Schule kommt.

Es ist ein schöner, warmer Abend. Nur ab und zu gibt es einen Windhusch, dass man mit den Lidern flattern muss.

Papa und Millie fahren auf ihren Rädern raus aus der Siedlung. An Millies Rad sind natürlich noch die Stützen befestigt. Sie kann auf dem Sattel hin und her ruscheln, so viel sie will.

Dort, wo der Feldweg anfängt, steigt Papa ab und löst die Stützen von Millies Rad.

Millie hatte schon gehofft, dass Papa sein Werkzeug vergessen hat. Ihr ist mulmig zumute. Eigentlich war sie bis jetzt ganz zufrieden mit ihren Radfahrkünsten.

Papa hält ihr das Rad hin.

»So, Millie«, sagt er. »Jetzt steig mal auf.«

»Eigentlich will ich lieber Dreirad fahren«, sagt Millie. Ihr ist ganz heulerisch zumute.

»Dreirad?«, fragt Papa und runzelt die Stirn. »Mensch,

Millie, mach doch kein Theater. Trudel fährt bald Dreirad.
Und du kannst doch schon Rad fahren. Stell dich mal nicht
so an. Hopp, hopp. Rauf und los.«

Millie schnüffelt mit der Nase. Die ist feucht. Das Wasser ist
von selbst reingekommen. Und jetzt läuft ein Bächlein raus.
Dafür kann man nichts. Das geht von ganz allein.

Nun hängen die Tropfen an der Nasenspitze.

Millie weiß, dass Papa so etwas gar nicht leiden kann. Und
weil sie das weiß, wird es schlimmer. Sie muss schniefen
und schnaufen und wischt die Nase mit dem Handrücken
ab. Dann zieht sie noch einmal kräftig die Luft ein. Es gibt
ein schnarchendes Geräusch, so laut, dass Papa ganz komisch guckt.

Dann hebt Millie ein Bein über das Fahrrad und stellt den
rechten Fuß auf das Pedal.

Papa hält das Rad. Millie hievt sich hoch und pflanzt sich
auf den Sattel. Jetzt zieht sie den anderen Fuß nach und lässt
ihn auf dem linken Pedal nieder.

Hoffentlich hält Papa fest.

»Los!«, sagt er.

»Hältst du mich auch fest?«, fragt Millie mit dünner Stimme
und sieht Papa noch einmal an.

Papa antwortet nicht. Er schaut geradeaus den Feldweg entlang.

24

Er schiebt Millie an.

Millie tritt in die Pedale. Rechts und links und rechts und links.

Das Fahrrad wackelt. Rechts und links und rechts und links. Es ist ein ganz anderes Gefühl als das Fahren mit den Stützrädern. Es ist so, als hätte sie noch nie auf dem Fahrrad gesessen.

Das Rad wackelt und schlittert und schlenkert und es schlägt mit dem Lenker aus, rechts und links und rechts und links, und es fährt, wohin es will, nämlich auf den Wiesenrand zu. Dann will das Fahrrad nicht mehr. Es kippt und kippt und kippt.

Millie kann gerade noch rechtzeitig abspringen.

Das Rad ist auf die Wiese gefallen.

Millie zieht ein grimmiges Gesicht. »Mensch, Papa!«, brüllt sie und blickt sich wütend um, weil Papa ein Stück hinter ihr geblieben ist und sie nicht festgehalten hat. Er ist schuld, dass Millie fast auf die Nase gefallen wäre. »Bist du blöd?« Papa ist näher gekommen. »Aufsteigen!«, sagt er. »Weiter, Millie!«

Das wird Millie **auf keinen Fall** tun. Sie schaut Papa mit zusammengekniffenen Lippen an.

Aber Papa lässt sich nicht beirren.

Millie hat gewusst, dass es nicht klappen würde. Sie kann

so was nicht lernen. Und Papa muss das begreifen. Aber ganz tief innen drin weiß Millie, dass Papa selten versteht, was Millie will. Sie weiß, dass er immer seinen **Dickkopf** durchsetzen muss.

»Was ist, Millie?«, fragt Papa. Als ob er nicht wüsste, was los ist.

Jetzt wird Papas Stimme schon ein bisschen schärfer. Ein wenig ungeduldiger. »Heb das Fahrrad auf!«, fordert er Millie auf.

Millie bückt sich und richtet das Rad auf.

Aber sie muss ausprobieren, ob sie Papa nicht doch klein-
kriegen kann. Sie bleibt einfach stur und rührt sich nicht.

Papa sagt nichts. Aber Millie weiß, was er denkt.

Ist ihr doch egal!

Sie knallt ihm das Rad vor die Füße. Dann stemmt sie die
Hände in die Hüften und dreht sich um, weg von Papa.

»Aufsteigen!«, sagt Papa noch einmal.

Nein!

»Millie!«

Millie hört nicht hin. Sie kann Papa nicht leiden. Sie will
nach Hause oder weit weg von hier. Außerdem kann sie ja
gar nicht mehr Fahrrad fahren, auch wenn sie könnte. Sie
kann nämlich gar nichts mehr sehen. Vor ihren Augen ist es
wie im tiefen, tiefen Meer. Nur Wasser.

»Millie!«, sagt Papa. Er hört sich an wie ein hungriger
Tiger.

Gegen einen hungrigen Tiger ist man machtlos. Millie hat
ihre Erfahrungen mit Papa gemacht. Sie weiß, dass er noch
sturer sein kann als Millie.

Also hebt sie das Fahrrad mit Schwung auf und schiebt es
scheppernd zurück auf den Feldweg.

Ein Gutes hatte es, dass sie sich bücken musste um das Rad
aufzuheben. Das Wasser vor den Augen ist runtergetropft.

Nun also noch mal das Ganze. Ein Bein rüber. Warten, dass Papa kommt und sie festhält. Aufsteigen und Popo auf den Sattel quetschen. Das andere Bein auf das Pedal. Und dann treten, treten, treten.

Millie merkt, dass Papa mitläuft. Sie sieht ihn nicht, aber sie hört seine Schritte. Tatumm, tatumm, tatumm.

Millie tritt heftig in die Pedale. Das hat Papa nun davon. Dem wird sie's zeigen. Papa soll schön ins Schwitzen kommen. Wenn er auch so fies zu Millie ist!

Tatumm, tatumm, tatumm.

Millie trampelt, als ob es um ihr Leben ginge.

Tatumm, tatumm, tatumm.

Das ist ihr Herz, das so heftig schlägt.

Das Rad zischt über den Feldweg wie ein geölter Blitz. Die Kette surrt und singt. Die Glocke bimmelt.

Achtung! Hier kommt Millie!

Millie fährt so schnell und so weit, wie sie kann. Es gibt niemanden, der ihr entgegenkommt. Und wenn einer käme, dann würde sie rufen: Bahn frei!

Sie hört erst auf zu treten, als ein Hund bellt. Der ist da vorne auf dem Bauernhof zu Hause.

Lieber Abstand halten.

Ja, jetzt reicht es. Papa wird sicherlich auch ganz aus der Puste sein.

Millie springt ab. Mit beiden Beinen gleichzeitig. Ein Fuß
rechts und ein Fuß links. In der Mitte das Fahrradgestell.
Der Sand unter den Füßen spritzt auf. Und der Sattel haut
Millie ein bisschen in den Rücken. Aber das Rad kommt
zum Stehen.

Sie hält es mit beiden Händen fest. Und ist außer Atem.
Muss Papa auch so keuchen? Der ist doch bestimmt fix und
fertig, so wie Millie ihn durch die Gegend gehetzt hat.
Sie sieht sich um.

Papa?

Papa ist gar nicht mitgekommen. Papa ist dahinten geblieben, kilometerweit weg.

Millie atmet heftig mit offenem Mund.

Heißt das, sie ist alleine gefahren? Heißt das, sie kann jetzt
richtig Rad fahren? **Richtig?**

Papa kommt langsam näher und Millie kann gar nicht anders: Sie strahlt über das ganze Gesicht.

Papa strahlt auch. Er hat wohl schon vergessen, dass er eben
noch ein hungriger Tiger war und dass Millie so wütend auf
ihn war. Ja, besser, er vergisst das alles.

Jetzt ist alles gut. Und Millie weiß natürlich, was Papa
denkt. Sie kann Gedanken lesen. *Na siehste* denkt Papa. Das
steht ihm im Gesicht geschrieben.

Jetzt, als Millie wieder aufs Rad steigen muss, ist alle Angst wie weggeblasen. Papa braucht sie nur einen kurzen Moment lang zu halten und dann geht alles von allein. Millie kann sogar **Rücksicht** auf Papa nehmen. Sie braucht nicht mehr so schnell zu flitzen. Papa trabt neben ihr her wie ein altes Pony.

Zu Hause stehen Mama und Trudel oben am Fenster. Von dort aus können sie das Ende der Straße sehen und auch den Anfang vom Feldweg an der Mäusewiese. Mama und Trudel haben sich wohl schon Sorgen gemacht, weil Papa und Millie so lange weggeblieben sind.

Hier kommen sie!

Hurra!

Millie fährt hinter dem Haus in der Sackgasse noch eine Ehrenrunde. Mit einem Auge schaut sie auf die Fahrbahn und mit dem anderen hoch zum Fenster, wo Trudel bestimmt voller Bewunderung auf Millie runterschaut.

Ja, glotz ruhig, Trudel. Haste das gedacht?

Hoppla. Millie ist dem Bürgersteig sehr nahe gekommen. Die Reifen schurren am Bordstein entlang. Oh, oh, oh.

Knallt sie jetzt auf die Schnauze?

Gerade noch rechtzeitig taucht die Einfahrt zu Wulles Haus auf. Noch mal Glück gehabt!

Millie biegt in die Einfahrt ein und fährt dann ein Stück auf dem Bürgersteig.

Aber wie geht es wieder runter?

Rummsdabummsda.

Nix passiert!

Und damit es wieder ein Kreis wird, prescht Millie noch
einmal bis zum Anfang des Feldweges zurück. Da ist ein
Sandloch am Rand der Mäusewiese. Im Sandloch liegt hau-
fenweise Müllemahle. Weißgelber Sand. So fein wie Staub.
Millie fährt genau auf das Sandloch zu. Das wollte sie gar
nicht. Sie rast mitten in die Kuhle. Treten, treten, treten.
Aber das Fahrrad rührt sich nicht. Es steht einen Moment
lang ganz still, wie von einer unsichtbaren Hand gehalten.

Jetzt legt sich das Fahrrad ganz langsam auf die Seite.

Und Millie?

Millie legt sich auch auf die Seite und landet mit der Schnute voll im gelben Sand.

Papa hat es gesehen.

Mama hat es gesehen.

Trudel hat es gesehen.

O wie **peinlich**!

Bloß schnell aufstehen und wieder rauf aufs Rad. Ist doch pickepackeleicht.

Die Wurst zum Abendbrot ist keine Leberwurst und keine Plockwurst und keine Schinkenwurst.

Nur Sand-, Sand-, Sandwurst.

Und noch fünf Tage bis zum Schulanfang.

Das Geschenk

So bunt wie Millies Mäppchen, das Mama aus der Versenkung geholt hat, ist auch Millies Schulranzen. Er trägt alle Farben der Welt auf seinem Bauch und an den Seitenteilen: Rot, Orange, Lila, Pink, Grün und Gelb. Wenn man genau hinsieht, dann ist es ein Rüschenkleid-Rot, ein Pritzellimonaden-Orange, ein Teufelsspucke-Blumen-Lila, ein Usambaraveilchen-Pink, ein Filiziusapfel-Grün und ein Hochzeitsring-Gelb. Ein bisschen Silber ist auch dabei. Papa sagt, die Tropfnasen an den Seiten sind grau. Stimmt nicht! Sie sind Elfenturm-Silber.

Hach, so heißt der ja gar nicht. Der heißt doch *Eiffelturm*. Also, die Rotznasen sind silber wie der Eiffelturm in Paris. Der, den Millie aus Frankreich als Andenken mitgebracht hat. Der echte Turm in Paris ist schon etwas gammelig. Er hat eine komische Farbe. Apfelstrunk-Rot-Braun-Grau-Schwarz.

Auf Millies Ranzen kann man sitzen. Das ist sehr wichtig. Falls sie nicht genügend Stühle in der Schule haben.

Millie weiß genau, was in der Schule alles passieren wird. Dass man Rechnen lernt und Schreiben und Strickliesel-

Stricken. Auch noch Handstand. Millie kann schon Kopf-
stand, doch beim Handstand hat sie Angst, dass sie zusam-
menkracht. Aber Millie kann schon lange schwimmen. Und
nun kann sie sogar Rad fahren!!! Und der zweite Zahn im
Mund wackelt. Der unten in der Mitte rechts.
Und was sie noch kann? **Gedichte** machen.
»In der Schule musst du Gedichte aufsagen«, erklärt Millie
der kleinen Schwester. »Soll ich mal ein Gedicht
machen, Trudel?«
»Ja«, sagt Trudel und stützt sich mit den Ellenbogen auf

Millies Beine. Sie schaut Millie erwartungsvoll an. Wenn Trudel neugierig ist, dann sind ihre Augen groß und spiegeln die Welt wie ein Badesee.

»Pass auf, Trudel«, beginnt Millie. *»Wenn ich in die Schule geh, stoß ich mich am großen Zeh. Im Wald da läuft ein kleines Reh und manchmal schneit es weißen Schnee.* Soll ich weitermachen?«

»Ja«, sagt Trudel.

»Am Berg dort drüben liegt ein See. Mein Zahn ist futsch und tut nicht weh.« Puh, das war ganz schön anstrengend.

»Das war gut, Trudel, nicht wahr?«

»Ja«, sagt Trudel, richtet sich auf und klatscht in die Hände. Millie kennt noch ein Gedicht. Gedichte sind Wörter, die wie Perlen auf Schnüren aneinander gereiht sind. Die letzte Perle auf einer Schnur muss sich immer genauso anhören wie die letzte Perle auf einer anderen Schnur. Das nennt man *reimen*.

Millies zweites Gedicht, das sie selber gemacht hat, hört mit *fassen, lassen* und *hassen* auf: *Ich möchte am liebsten in Kuchenteig fassen, aber Mama sagt immer, ich soll das lassen. Ich schaff es nur nicht, den Teig so zu hassen.* Das ist schon ein sehr schwieriges Gedicht, jaha.

Millie hat auch versucht ein Gedicht mit *Schule* zu reimen. Aber das hat nicht geklappt. Was reimt sich denn auf

Schule? Pule? Das gibt es nicht. Höchstens *Jule.* Das wäre aber ein kurzes Gedicht: *In die Schule geht die Jule.* Das ist blöd. Genauso blöd wie: *Millie, geh doch schnell zu Bett, denn das wäre schrecklich nett.*

Millie ist also gut vorbereitet auf die Schule. Sie hat sogar schon eine riesige Schultüte. Die hat sie im Kindergarten selbst gebastelt. Sie hat dazu Pappe und Filz geschnitten, gerollt, geklebt und verziert. Oben kann man die Tüte zumachen, wenn man die Schnur, die durch das Krepppapier gezogen ist, zur Schleife bindet. Millie hat auch eine kleine Schultüte für Trudel gebastelt.

Millies Tüte ist rot und in der Mitte ist ein Reh aufgeklebt. Trudels Tüte ist blau mit nichts drauf.

Frau Opelka aus dem Kindergarten hat allen Kindern erzählt, dass Schultüten **ungesund** sind. Nicht die Tüten! Aber was drinnen ist. Weil die meisten Kinder lauter Süßigkeiten zum Schulanfang geschenkt bekommen. Schlecht für die Zähne und schlecht für den Bauch.

»Wir wollen vernünftig sein«, hat Frau Opelka gesagt.

Alle Kinder haben genickt.

Dann hat Frau Opelka das Gleiche noch mal den Eltern erzählt. »Wir wollen vernünftig sein.«

Die Eltern haben auch genickt und beschlossen, dass die schönen Schultüten nur für zu Hause sein sollen. Und keine

Süßigkeiten reintun! Nur Nützliches: Bleistiftspitzer, Taschentuch, vielleicht eine Leselupe und ein Radiergummi mit Herzchen drauf. Ein paar Baumwollsöckchen. Und Gesundes darf hinein: ein Filiziusapfel, eine Mohrrübe und höchstens, aber allerhöchstens eine Milchschnitte.

Die Eltern haben »jaja« gesagt.

Schade.

Millie will wenigstens etwas Schönes in Trudels Schultüte stecken. Trudel ist ja noch nicht so vernünftig wie Millie.

Es ist schwer, sich was Schönes auszudenken. Ob Gus und Wulle etwas einfällt?

Wulle sagt: »Ich schenke meiner Mama immer ein selbst gemaltes Bild.«

Sie stehen draußen zwischen Straße und Feldweg. Millie stößt mit ihrer Fußspitze in die Müllemahle vom Sandloch, sodass es ordentlich staubt.

»Ein Bild ist doof«, sagt Gus.

Das findet Millie auch. »Trudel ist doch nicht meine Mama«, sagt sie. »Mamas freuen sich über allen Schiet. Ich brauche aber ein Geschenk für meine Schwester! Verstanden?«

»Wenn du einmal mit mir *Hase und Igel* spielst, dann besorg ich dir ein Geschenk«, sagt Gus.

Millie spielt nicht gern *Hase und Igel*. Sie verliert immer dabei. Aber *Hase und Igel* spielen ist immer noch besser als am

Sandloch zu stehen und nicht zu wissen, was man machen soll.

»Was ist es denn für ein Geschenk?«, fragt Millie.

»Tust du's oder tust du's nicht?«, fragt Gus.

»Was?«

»*Hase und Igel* mit mir spielen«, sagt Gus.

»Na gut«, sagt Millie. »Ich tu's.«

»Moment mal«, sagt Gus und läuft über die Straße ins Haus. Es ist gut, dass in ihrer Siedlung kaum Autos fahren. Deshalb dürfen sie auch auf der Straße spielen. Wenn einem was einfällt!

»Ich spiele auch gern *Hase und Igel*«, sagt Wulle.

»Ich nicht«, sagt Millie.

Da ist Gus schon zurück. »Hier«, sagt er und streckt Millie die Hand entgegen.

Auf seiner Handfläche liegt ein Ring. Bestimmt **echt**. Aus Silber. Wie der Eiffelturm. Und auf dem Ring sind Diamanten und Brillanten.

»Was kostet der?«, fragt Millie.

»Fünf Mark«, sagt Gus.

»Ganz schön teuer«, sagt Millie.

»So viel kostet der aber«, sagt Gus.

»Ich hab nicht so viel Geld«, sagt Millie.

»Hol dir doch was von deiner Mama«, sagt Gus.

Das ist eine gute Idee.

Gus steckt den Ring in seine Hosentasche. »Erst das Geld und dann die Ware«, sagt er.

Millie rennt durch den Garten ins Haus. Die Tür hinten ist immer auf, wenn Millie draußen spielt.

»Gibst du mir fünf Mark, Mama?«, fragt Millie.

»Wofür?«

Das darf Millie nicht sagen. Geschenke sind doch **Überraschungen**.

»Gibst du sie mir?«

Mama guckt Millie nur stumm an.

»Für ein Geschenk für Trudel«, sagt Millie schließlich.

»Oder … zwei Mark?«

Mama gibt Millie zwei Mark.

Papa gibt Millie auch zwei Mark. Und von draußen kommt gerade Frau Morgenroth. Sie will Mama besuchen. Und Trudel auf den Arm nehmen. Das macht sie nämlich gern. Millie ist für Frau Morgenroth zu schwer. Zum Glück. Für Papa ist Millie nicht zu schwer. Auch zum Glück.

Das Beste an Frau Morgenroth ist ihr Hund King. Er ist ein Hopsasa-Hund. Millie streichelt King wie verrückt. Er ist noch ein junger Hund und springt an Millie hoch, als ob sie sich hundert Jahre nicht gesehen hätten.

Jetzt gibt Millie Frau Morgenroth die Hand.

»Hast du zwei Mark, Frau Morgenroth?«, fragt sie.

»Wofür denn, Kindchen?«

Das darf Millie doch nicht sagen.

»Ich hab immer so'n Hunger«, sagt sie. Was Besseres fällt ihr nicht ein.

Frau Morgenroth ist ganz erschrocken. »Kriegst du denn nicht genug zu essen?«, fragt sie.

»Doch, doch«, sagt Millie. »Aber nicht genug Gummibärchen. Hast du zwei Mark, Frau Morgenroth?«

Frau Morgenroth kramt in ihrem Portmonee. Sie gibt Millie einen Groschen. Für einen Groschen kriegt man nicht viel. Das weiß Millie.

»Hast du nicht zwei Mark, Frau Morgenroth?«, fragt sie wieder.

Frau Morgenroth gibt Millie noch einen Groschen.

Zwei Groschen sind nicht zwei Mark. Aber Millie weiß nicht, was sie noch sagen soll, damit Frau Morgenroth ihr mehr gibt. Und vielleicht ist Gus auch damit schon zufrieden.

Nun rennt Millie zurück durch den Garten.

Gus und Wulle haben am Sandloch gewartet.

»Hast du das Geld?«, fragt Gus.

Millie streckt die Hand mit den Münzen aus. »Hier«, sagt sie.

»Das reicht nicht«, sagt Gus und schaut auf Millies Hand.

Millie rührt sich nicht.

»Vier Mark zwanzig«, sagt Gus. Er blickt Wulle an und dann legt er den Kopf in den Nacken und lacht laut los.

»Die kann noch nicht mal rechnen«, sagt er.

Ja, wie denn auch? Das lernt man doch erst in der Schule!

»Mehr hab ich nicht«, sagt Millie.

»Na gut«, meint Gus. »Gib her.«

»Erst den Ring«, sagt Millie.

»Erst das Geld und dann die Ware«, sagt Gus schon wieder.

Dann stopft er sich die Münzen in die Hosentasche. Jetzt rückt er auch den Ring raus. Millie hält ihn dicht vor die Augen. Was für ein tolles Geschenk!

Sie muss den Ring zu Hause verstecken. Die Schultüten werden nämlich erst am Abend vor dem ersten Schultag gefüllt.

Wo soll der Ring denn hin? In die Ohrenstäbchendose? In den Waschhandschuh?

Nein.

Millies spanische Puppe Miss Mandarella bekommt ihn als Armband. Sie trägt sowieso Spitzen und Rüschen und Ketten und Glitzerzeug. Da fallen Diamanten und Brillanten gar nicht auf.

Ach, wie Trudel sich freuen wird!

Aber abends kommt was dazwischen.

Abends kommt die Mama von Gus. Gus hat nämlich alles verraten. Gus ist **doof**.

Die Mama will ihren Ring wiederhaben. »Er ist echt«, sagt sie und sieht furchtbar traurig aus.

Millie hat es doch gewusst: Silber mit Diamanten und Brillianten.

»Was machst du bloß für Dummheiten?«, fragt Mama.

»Ich hab ihn doch gekauft«, sagt Millie.

»Du musst den Ring wieder zurückgeben«, sagt Mama.

Millie ist furchtbar traurig. Aber es hilft nichts.

Wo hat sie den Ring denn hingetan? In die Ohrenstäbchendose? Oder in den Waschhandschuh?

Ach nein.

Ob sie den Ring überhaupt wieder finden wird? Ach ja.

Miss Mandarella trägt ihn am Arm. Und die Mama von Gus
sieht mit einem Mal wieder sehr glücklich aus.

Millie will von Gus ihr Geld wiederhaben. Sie begleitet Gus'
Mama nach Hause.

Gus sitzt in seinem Zimmer auf dem Fußboden und baut
ein riesiges Lego-Flugzeug.

Millie hält die Hand auf. »Geld her«, sagt sie.

»Hab ich nicht mehr«, sagt Gus.

»Wo hast du es denn hingetan?«, fragt Millie.

»Ich hab mir Gummibärchen gekauft«, sagt Gus.

»Dann gib mir die Gummibärchen«, schlägt Millie vor.

»Hab ich nicht mehr.«

»Wo hast du sie denn hingetan?«

»Hier«, sagt Gus und öffnet den Mund so weit, dass
Millie hinten im Rachen sein Zäpfchen bibbern sieht.

Dann schließt er den Mund wieder. »Und Wulle hat die
Hälfte abbekommen«, sagt er.

Millie muss nachdenken. Sie wird sich für Trudel ein neues
Geschenk ausdenken müssen. Und für Gus eine schlimme
Strafe. Aber ganz schnell.

»Krieg ich mein Geld oder krieg ich es nicht?«, fragt sie noch einmal. Sie hat ihre Stimme extra tief gemacht.

Gus sagt: »Kriegst du nicht.«

Millie weiß nicht mehr weiter.

Gut, dass sich die Mama von Gus einmischt. »Kriegst du doch, Millie«, sagt sie. Sie kramt in ihrer Geldbörse.

»Fünf Mark«, sagt Millie und hält die Hand auf.

»Gus bekommt kein Taschengeld im nächsten Monat«, sagt die Mama von Gus. »Das kommt genau hin.«

»Es waren gar nicht fünf Mark«, sagt Gus, aber keiner hört zu.

»Und was ist mit Strafe?«, fragt Millie.

»Lass mich überlegen«, sagt die Mama von Gus. »Er hat dich tüchtig reingelegt. Das muss er wieder gutmachen. Such dir was von seinen Spielsachen aus.«

»Das darf sie nicht«, sagt Gus. »Wenn sie was anfasst, dann hau ich ihr eine rein.«

»Tust du nicht«, sagt seine Mama.

»Tu ich doch«, sagt Gus.

»Probier's mal«, sagt seine Mama. »Los, Millie, such dir was aus.«

Millie ist ein bisschen scharf auf die Kassette von Winnie Wonneproppen. Obwohl sie keinen Kassettenrekorder hat. Und sie ist ein bisschen scharf auf sein Miniklickerspiel.

Und ganz doll scharf ist Millie auf sein Kaleidoskop. Wenn man in die Röhre schaut, sieht man den Palast der Eiskönigin oder die Milchstraße oder den Petersdom von Rom. Das Kaleidoskop ist etwas kaputt, aber das macht nichts.

Millie nimmt sich das Kaleidoskop.

Gus schnauft, aber er haut Millie keine rein.

Gus hat Angst vor seiner Mama.

»Und jetzt gebt euch die Hand und vertragt euch«, sagt die Mama von Gus.

Das ist das Schlimmste an der ganzen Geschichte. Gus will nicht so richtig und Millie eigentlich auch nicht.

Sie geben sich trotzdem die Hand.

Gus sagt: »Lässt du mich manchmal durch das Kaleidoskop gucken?«

»Wenn du lieb bist«, sagt Millie.

Gus ist zwar Millies bester Freund, aber manchmal ist er ekelhaft. Sie möchte ihn nicht als Bruder haben. Lieber den Teufel. Oder Trudel als Schwester. Die ist tausendmal besser. Und noch zwei Tage bis zum Schulanfang.

Finger weg!

»Heute beginnt der Ernst des Lebens«, sagt Papa, bevor er ins Büro geht und Millie zum Abschied einen Kuss auf die Stirn knallt. **Leider** hat Papa eine Konferenz. Die soll noch wichtiger sein als der Schulanfang. Das ist vielleicht blöd!
»Heute beginnt der Ernst des Lebens«, sagt auch Frau Morgenroth, als sie kommt um auf Trudel aufzupassen.
Heute fängt die Schule an!
Millie hat ihre besten Sachen angezogen: die hellblaue Hose mit den drei Taschen. Zwei sitzen an den Seiten und eine ist hinten über der rechten Pobacke aufgenäht. Und sie trägt das bunt geringelte T-Shirt und die roten Sandalen.
»Und wo ist deine Zuckertüte?«, fragt Frau Morgenroth, als Millie mit Mama losgehen will.
»Zuckertüte?«, sagt Millie entrüstet. »Das ist eine Schultüte, aber nur für zu Hause, und da darf nichts Süßes rein.«
Mama zwinkert Frau Morgenroth zu. »Wir wollen doch vernünftig sein«, sagt sie.
»Ach, so ist das«, sagt Frau Morgenroth mit trauriger Stimme. »Und was ist in deiner vernünftigen Tüte drin, Millie?«

»Söckchen«, sagt Millie und hebt ein Bein hoch, damit Frau
Morgenroth die **schneeweißen** Strümpfe betrachten
kann.

»Tudelausöcken«, sagt Trudel und hält sich an Millie fest,
damit sie nicht umkippt. Sie streckt ihr Beinchen ebenfalls
Frau Morgenroth entgegen.

»Soso«, sagt Frau Morgenroth. »Und das ist alles?«

Nein, nein. In der Schultüte waren ja noch andere Sachen
drin. Anspitzer und Radiergummi mit Herzchen und Filiziusapfel. Und so was alles.

Frau Morgenroth rümpft die Nase. »Dass du so schnell er-
wachsen wirst, Millie«, sagt sie, als ob Großsein was Schlim-
mes wäre. »Und so vernünftig!«

Millie rennt noch mal schnell aufs Klo, denn es ist ein fürchterlich aufregender Tag. Wenn es aufregend ist, muss Millie
in einer Tour.

Auf dem Weg zur Schule kommen sie auch am Kindergarten vorbei. Frau Opelka und **die Kleinen** stehen am Fenster und winken. Millie winkt nicht zurück. Sie guckt bloß
hin und lächelt. Ob sie auch alle den riesengroßen Ranzen
auf ihrem Rücken sehen? Wenn Millie hüpft, rappelt und
klappert es innen drin. Sie hat ja noch nicht viel eingepackt.
Und eigentlich hüpft sie ja auch nicht. Sie ist ja vernünftig.
Auf dem Schulhof sieht es aus, als ob die ganze Stadt zu-

sammengekommen ist. So viele Gesichter und nicht eins, das Millie bekannt vorkommt.

Wo ist Kucki?

Wo ist Bille?

Wo ist Mario?

Millie hält Mamas Hand ganz fest, damit Mama nicht verloren geht.

Da vorne! Auf der Treppe zum Schuleingang! Da steht Kucki!

Millie zieht kräftig an Mamas Hand.

»Kucki!«

»Millie!«

Aber was ist das denn da?

Kucki hat ihre Schultüte mitgebracht! Ihre große, rot karierte Zuckertüte!

Wie unvernünftig!

Millie sieht sich um. Mama sieht sich auch um. Der ganze Schulhof ist voll von Kindern mit Schultüten!

Millie muss schlucken. Sie schaut klammheimlich hoch zu Mama. Die sieht auch ganz bedröppelt aus.

»Du hast ja gar keine Schultüte!«, ruft Kucki und ihre Mama sagt: »Ach, habt ihr euch etwa von Frau Opelka beschwatzen lassen?«

»Wir wollten nur vernünftig sein«, entschuldigt sich Mama

und Millie nickt, aber ganz, ganz tief drinnen in ihrem Bauch, da denkt sie, dass es eigentlich doof ist, keine Schultüte dabeizuhaben. Und dann auch noch **als Einzige**! Es ist ein ruppeliges, knorziges und **blödes** Gefühl. Millie muss noch einmal kräftig schlucken.

»Bist du schon fotografiert worden?«, fragt Kuckis Mama, klopft auf einen Fotoapparat, der ihr seitlich am Lederriemen von der Schulter baumelt, und sieht Millie neugierig an.

»Ach was«, sagt Mama und sieht schon wieder ganz bedröppelt aus. »Ich dachte, hier gibt es einen richtigen Fotografen für alle.«

»Nee«, sagt Kuckis Mama. »Jeder muss für sich selber sorgen.«

Mama seufzt. »Schade«, sagt sie mit einem sehr langen, tiefen **a** in der Mitte. »Sch**aaa**de.«

Und in Kuckis Fotoapparat ist leider kein Bild mehr zum Verknipsen übrig. Sch**aaaaaaaaa**de.

Jetzt geht's los. Alle Mann ab in die Turnhalle. Nee: alle Kinder! Und was sonst noch so auf dem Schulhof herumsteht. Omas und Opas. Hunde dürfen nicht mit hinein. Einige Mamas wissen jetzt nicht, was sie tun sollen.

Millie drückt Mamas Hand, damit Mama wegen der Schultüte und wegen der Knipserei nicht noch zu heulen anfängt.

Weil sie so vernünftig waren. Vernünftig ist nicht fröhlich.
Das muss Millie mal Frau Opelka sagen. Damit sie Bescheid
weiß!

In der Turnhalle sind Bänke aufgestellt. Und vorne gibt es
eine kleine Bühne, die etwas erhöht steht, damit man gut
sehen kann, wenn etwas passiert. Um besonders gut sehen
zu können, muss man in der ersten Reihe sitzen.

Millie lässt Mamas Hand los. Die Mamis und die Papis
müssen sowieso auf die hinteren Plätze. Sie können ja über
die Köpfe der Kinder hinwegschauen.

Statt Mama zieht Millie jetzt Kucki mit sich nach vorne.
Schnell, schnell! Damit sie einen guten Platz abbekommen.
Kucki kann nicht so fix laufen. Sie schleppt ja diese doofe,
große, schwere Schultüte mit sich herum. Die klappert und
scheppert beim Rennen und will ständig aus Kuckis Händen rutschen.

Los, los!

Na, das ist gerade noch mal gut gegangen. Millie und Kucki
erwischen die letzten Plätze in der ersten Reihe.

Mit dem Ranzen auf dem Rücken kann man aber nicht richtig sitzen. Wie soll man sich da denn anlehnen?

Millie schafft es schnell, ihren Ranzen abzuschnallen. Sie
stellt ihn vor sich zwischen die Beine, sodass sie ihn gut
festhalten kann.

Damit Kucki ihren Ranzen auch abnehmen kann, soll Millie ihre Schultüte festhalten.

Na gut.

Wie schwer die Schultüte ist! Millie stellt sie auf die Spitze. Was hat Kucki denn alles bekommen? Millie pult vorsichtig mit ihrem Finger an dem Spalt im zugeschnürten Papier.

»Finger weg!«, sagt Kucki.

»Was ist denn drin?«, fragt Millie.

»Finger weg!«, wiederholt Kucki und nimmt Millie die Schultüte ab.

Jetzt geht's aber los! Eine Frau mit rot gefärbten Haaren und angemalten Augenbrauen ist auf die Bühne geklettert.

»Liebe Erstklässler«, sagt sie, »liebe Mütter, liebe Väter.«

»Erstklässler?«, sagt Millie verwundert. »Du, Kucki, ich glaube, das sind wir!«

Die rote Frau stellt sich vor. Sie ist die Rektorin der Schule. Mama hat Millie schon erzählt, dass sie die wichtigste Person an der Schule ist.

Jetzt begrüßt die Rektorin auch noch die Geschwister. Millie sieht sich um. Geschwister kann sie nicht entdecken.

»Meine Schwester ist gar nicht hier«, sagt Millie zu Kucki.

Kucki sagt: »Mein Bruder auch nicht. Aber den will ich auch nicht dabeihaben. Der soll bloß bleiben, wo der Pfeffer wächst.«

»Trudel ist bei Frau Morgenroth geblieben«, sagt Millie.
Hinter ihr, vielleicht zwei Reihen zurück, zischt jemand.
Pschschscht.
Millie wendet den Kopf. Aber sie kann den Zischer nicht
ausfindig machen. Wahrscheinlich kommt das Geräusch
von den Mamis oder den Papis.
Die Rektorin redet und redet und redet. Millie weiß nicht,
worüber. Wahrscheinlich ist es auch nur für die Eltern ge-
dacht.
Millie **gähnt** laut. Sie legt dabei den Kopf weit in den
Nacken. Oh, da oben an der Decke der Turnhalle gibt es
eine Menge zu sehen. Da hängen lange Seile und dicke
Ringe herunter.
»Guck mal«, sagt Millie und schubst Kucki an. »Wofür ist
das?«
Kucki schaut auch hoch. »Das ist bestimmt zum Turnen«,
sagt sie.
»Klar«, sagt Millie. »Aber wie kommst du da oben ran?«
Kucki zieht die Schultern hoch. »Klettern?«, schlägt sie vor.
»Das schaffst du nie«, sagt Millie. »Du bist doch kein Affe.
Vielleicht muss man hochspringen.«
»So hoch?«, sagt Kucki. »Das schaffst du nie.«
»Mit Karacho?«, meint Millie.
»Nie!«, sagt Kucki.

Hinten fängt wieder die Zischerei an. Millie guckt sich gar nicht mehr um.

Kucki muss jetzt auch gähnen. Gähnen steckt an. Millie muss ihren Mund gleich noch einmal aufreißen.

Dann versucht sie der Rektorin zuzuhören. Was die redet, läuft wie ein Elektrozug an Millie vorbei. Schrrrschrrr-schrrr.

»Ob sie unter den roten Strichen auch richtige Augenbrauen hat?«, fragt Millie.

»Nee, die hat sie sich abrasiert«, meint Kucki.

»Mit dem Rasierapparat?«, fragt Millie.

Pschschscht.

Millie blickt sich nun doch um. Wo ist denn überhaupt Mama abgeblieben? Sie kann sie gar nicht entdecken. Die Turnhalle ist **proppenvoll**.

Millie richtet sich auf und dreht sich um. Ach, dahinten sitzt Mama.

»Huhu«, sagt Millie, aber wirklich nicht sehr laut. Nur ein kleines Huhu schlüpft aus ihrem Mund. Sie will die Rektorin ja nicht stören. Besser, sie winkt Mama bloß zu.

Mama sitzt ganz still. Und Millie sieht genau, dass Mama sie anschaut, ganz fest und mit großen Augen.

Winke, winke macht Millie.

Mensch, Mama, stell dich doch nicht so an!

Endlich hebt Mama eine Hand, nicht besonders hoch, nur ein Stückchen über ihre Knie. Dann macht sie mit der Hand eine kleine, schnelle, tappende Bewegung. Millie soll sich wieder hinsetzen? Ist ja gut.

Hoffentlich ist Schule nicht immer so langweilig wie heute. Nur zuhören ist schrecklich. Man muss doch auch was tun dürfen!

Kucki umklammert ihre Schultüte, als wollte sie sich daran festhalten. Sie hat ihr ganzes Gewicht darauf verlagert. Die Spitze der Tüte ist schon ganz breit gedrückt.

»Meine lieben Kinder«, sagt die Rektorin und holt tief Luft, bevor sie mit ihrer Ansprache fortfährt.

Millie hat es doch gewusst. Das ganze Gebabbel hatte bis jetzt nichts mit ihr zu tun. Ob den anderen Kindern das Stillsitzen auch so schwer fällt? Kucki wohl nicht. Die ist schon fast eingeschlafen. Und dahinten sieht Millie Mario. Der bohrt heftig in der Nase.

»Lass mich doch mal in deine Tüte schauen«, bittet Millie und drückt ihren Ellenbogen in Kuckis Seite.

Kuckis Kopf hing schon fast in der Tüte und jetzt schreckt Kucki zusammen. Sie sieht aus, als ob sie gerade von einem anderen Stern käme und nicht wüsste, wo sie gelandet ist. Millie kichert.

Kucki lässt Millie in die Tüte fassen. Es knistert. Millie

könnte wetten, dass Kucki doch **Süßigkeiten** in der Tüte hat. Wahrscheinlich ist alles voll davon. Von oben bis unten. Sie fährt mit der Hand noch tiefer rein. Kucki steckt ihre Pfote ebenfalls in die Tüte. Da ist Platz für zwei Wühlmäuse. Es macht Spaß zu versuchen, die Finger des anderen zwischen den Knister-Knaster-Sachen zu erwischen. Millie und Kucki können sich vor Lachen gar nicht mehr bremsen.

Die Tüte hat doch nicht genug Platz für zwei Wühlmäuse. Sie reißt an der Klebestelle auf. Dabei ist es nicht mal die selbst gebastelte Tüte aus dem Kindergarten, sondern eine teure Schultüte aus starker Pappe und Filz vom Schreibwarenladen.

Das gibt jetzt vielleicht ein Geklicker und Geklacker!

Millie hat es ja gewusst: Die Tüte ist voller **Süßigkeiten!** Also ist es gar keine Schultüte, sondern eine Zuckertüte. Wie unvernünftig!

Der ganze schöne Mist knallt auf den Turnhallenboden, die weißen und rosa Schokominzen, die gelben und roten und grünen Erdnusskugeln, viele, viele bunte Smarties. Und die Goldbären und die Himbeerbonbons, die Dankeschön-Schokoriegel und die knusprigen Löwenstangen. Nur ein einsamer Streifentiger aus Plüsch kullert geräuschlos über den Boden und bleibt – alle viere von sich gestreckt – kurz vor dem Bühnenpodest auf dem Rücken liegen.

Es ist ganz still. Man hört nur noch, wie die letzten Schoko-
kugeln durch die Gegend klickern.

Auch der Rektorin hat es die Sprache verschlagen. Sie guckt
ein bisschen ratlos aus der Wäsche.

Ja, was hat sie denn gedacht, wie das so ist mit den Erstkläss-
lern? Hat die gedacht, sie wären schon vernünftige Leute,
die stundenlang still sitzen und mit großen Elefantenohren
oder spitzen Fuchslauschern zuhören können? So was lernt
man doch in der Schule! Und die fängt schließlich heute erst
an.

Das große Fideralala

Siehste! Alle Leute sind froh, dass endlich mal was passiert ist. In den hinteren Reihen, da, wo die Mamas und Papas sitzen, wird gelacht und einige Leute klatschen sogar vor Freude in die Hände. Nur die Rektorin grinst ein bisschen schief. Ihre Falten gehen in alle Himmelsrichtungen und eine der aufgemalten roten Augenbrauen zieht sich nach Nordosten und die andere mit einem kleinen Schwenker nach Westen, dorthin, wo auf dem Globus Amerika ist.

Die Kinder in den vorderen Reihen helfen erst einmal, die weggekullerten Süßigkeiten aufzuheben, und eine Mutter schafft es sogar, die Seitenteile der geplatzten Tüte so fest aufeinander zu drücken, dass sie wieder zusammenhalten. Kuckis Mama muss nun die Schultüte halten, damit nicht noch ein **Unglück** passiert.

Die Rektorin klatscht in die Hände. Da wird es wieder **ruhig**.

Nun werden die Kinder aus den älteren Klassen vorgestellt. Sie wollen ein Stück aufführen.

Die Aufführung soll oben auf der Bühne sein. Man kann alles gut sehen. Wulle und Gus sind auch dabei. Gus schämt sich schrecklich. Er schaut niemanden an, nur seine Fußspitzen, aber Wulle hat Millie entdeckt und grinst breit.

»Huhu, Wulle!«, ruft Millie.

Und Wulle hört gar nicht mehr auf zu grinsen.

Die Rektorin legt den Zeigefinger auf ihren Mund. Die andere Hand hebt sie hoch. Alle größeren Kinder tun es ihr nach.

Millie und Kucki legen ebenfalls sofort den Finger auf den Mund. Es hat richtig angesteckt.

Und es funktioniert! Es wird schlagartig ruhig.

Das Stück, das aufgeführt wird, heißt: *Ein Vogel wollte Hochzeit machen.*

Millie kennt das Lied von vorn bis hinten. Sie haben es mit Frau Opelka im Kindergarten schon **tausendmal** gesungen. Deshalb singt Millie laut mit und alle Erstklässler klatschen in die Hände, wenn die Kinder auf der Bühne das große Fideralala anstimmen.

Die Vogelkinder haben sich ganz schnell hinter der Bühne verkleidet und jetzt hopsen sie wild durcheinander über das Podest.

Und wann fängt es endlich an?

Jetzt fängt es an.

Wer kommt als Erster? Die Drossel. Sie ist der Bräutigam. Deshalb trägt die Drossel auch einen Zylinder.

Danach hat der Sperber seinen Auftritt. Er macht lauter
Bücklinge. Bücklinge sagt man, wenn sich jemand vor
einem anderen ständig verbeugt, weil er was von ihm haben
will. Der Sperber will die Frau besorgen.
Millie hat noch nie rausbekommen, welcher Vogel eigentlich
die Braut ist.
Nach dem Sperber tritt der Seidenschwanz auf. Der Seidenschwanz hält einen grün und weiß geflochtenen Kranz in
den Krallen.
Die Lerche ist ein dünnes, langes Mädchen im Nachthemd.
Millie kennt das Mädchen von irgendwoher, aber ihr fällt
nicht ein, woher eigentlich. Ist ja auch egal.

Und dann ist Gus an der Reihe. Er ist der Auerhahn. *Der Auerhahn, der Auerhahn, der ist der würd'ge Herr Kaplan.* Was ist eigentlich ein Kaplan? Keine Ahnung. Er hat sich eine dunkelblaue Gardine mit Blumenmuster um die Schultern gelegt. Es sieht komisch aus.

Millie nimmt sich vor, die Mama später nach dem würd'gen Herrn Kaplan zu fragen. Oder eine Lehrerin! Die sind ja dazu da Fragen zu beantworten.

Nach Gus kommt die Meise und Gus sieht sehr erleichtert aus, weil sein Auftritt vorbei ist. Jetzt kann er sogar das Publikum ansehen. Aber er schaut nicht auf die ersten Reihen. Dabei weiß er genau, dass Millie dort unten sitzt.

So, nun kommen die Gänse und die Enten, die in dem Lied jedoch Anten heißen, weil es sich sonst nicht reimen würde. Und dann ist der Pfau dran, das heißt, eigentlich ist es nicht der Pfau, sondern Wulle. Sie haben ihm echte Federn an den Bobbes geklebt. Wulle guckt ein bisschen unglücklich aus der Wäsche. Das muss er doch nicht! Er sieht doch sehr lustig aus!

Fideralala, fideralala, fideralalalala.

Die Brautmutter kommt. Was die vorführt, ist ja ganz leicht. Sie braucht nur in ein Taschentuch zu heulen.

Aber da fehlt doch was?

»Kucki!«, schreit Millie, denn sie muss sehr laut sein, weil

die Kinder auf der Bühne so brüllen. »Sie haben das Finkelein vergessen!«

Kucki schaut Millie erschrocken an. »Ja«, sagt sie. »Stimmt.«

»Das Finkelein!«, ruft Millie hinauf. »Das Finkelein fehlt!«
Aber niemand hört auf Millie. Sie machen einfach weiter
und sind schon beim Uhu angelangt.

»Frau Kratzefuß haben sie auch vergessen!«, sagt Millie zu
Kucki. Sie ist sehr **enttäuscht**.

»Vielleicht haben sie Frau Kratzefuß extra weggelassen«,
sagt Kucki. »Weil Frau Kratzefuß alle küssen muss.«

»Ach so«, sagt Millie. Das kann natürlich sein.

Der Uhu ist ein schöner Junge mit dunklen Locken und
braunen Murmelaugen. Er hat Puschelohren angeklebt bekommen und trägt ein gefiedertes Wams mit weiten Är-
meln, sodass er eigentlich wie eine Fledermaus ausschaut,
aber immerhin besser als Gus oder sogar Wulle.

Der Uhu tut so, als ob er die Fensterläden schließt, und alle
singen lauthals mit. *Der Uhuhu, der Uhuhu, der macht die
Fensterläden zu.*

Noch zweimal schmettern die Kinder das große Fideralala,
beim Hahn, der Gute Nacht sagt, und schließlich bei der
letzten Strophe: *Nun ist die Vogelhochzeit aus und alle zieh'n
vergnügt nach Haus.*

Sie gehen aber noch nicht nach Hause. Auf keinen Fall!

Die Schule hat ja noch gar nicht richtig begonnen.

Auf das Podium, wo eben noch die Vogelkinder herumstolzierten, kommen jetzt die Lehrerinnen. Die Lehrerinnen und ein Lehrer. Sie haben aufgeblasene Luftballons dabei. Die schweben hoch über ihren Köpfen und jeder Ballon hat eine andere Farbe.

Den Lehrer nimmt Millie schon mal nicht. Seine Hosen schlagen in Wellen um die Beine und er lächelt nicht so niedlich wie die Lehrerinnen.

Ob sie die mit den Kuhaugen nehmen soll? Die sieht am freundlichsten aus.

»Was meinst du, Kucki?«

Kucki sagt: »Oder die mit dem großen Ausschnitt im Kleid. Die sieht so knuddelig aus.«

»Oder die mit dem Pferdeschwanz?«

Die Pferdeschwanz-Lehrerin steht ganz vorn am Podest und ist am besten zu sehen.

»Nee«, sagt Kucki. »Guck mal, was für Schuhe die anhat.«

»O ja.« Millie gibt Kucki Recht. »Die sind ja vielleicht kippelig. Die plumpst bestimmt gleich von ihren dusseligen Schuhen runter.«

Die Lehrerin mit dem Pferdeschwanz hat wohl alles gehört, was Kucki und Millie besprochen haben, obwohl es eigentlich **geheim** ist.

»Seid mal nicht so frech«, sagt sie zu beiden mit einem er-
mahnenden Unterton, so wie ihn Frau Opelka hat, wenn sie
will, dass die Kinder sich ordentlich benehmen.

»Sie brauchen uns ja nicht zu nehmen«, sagt Millie und
Kucki hält sich die Hand vor den Mund, weil sie schrecklich
kichern muss.

Die Pferdeschwanz-Lehrerin kippt in diesem Moment
tatsächlich von einem ihrer dusseligen Schuhe. Sie knickt
einfach um und das sieht richtig blöd aus. »Die nehmen wir
schon mal nicht«, beschließt Millie.

Leider wird es anders gemacht: Die Rektorin liest eine Na-
mensliste vor und alle aufgerufenen Kinder gehören zu
einem bestimmten Luftballon. Unter dem Luftballon steht
dann eine Lehrerin. Oder der Lehrer. Da ist nichts zu machen. Die blauen Kinder müssen zum blauen Luftballon
und die roten Kinder zum roten. Da hilft nur noch **Daumen drücken**.

Millie Heinemann und Kucki Pfaff?

Gelb!

Den gelben Luftballon hat die mit den Kuhaugen. Ein
Glück! Man kann auch Mu-Kuh-Augen sagen. *Mu* kommt
von *Mutter* oder von **Muh**. Jedenfalls sind Millie und Kucki
in dieselbe Klasse gekommen. Jetzt kann nichts mehr schief
gehen.

Nun müssen die Kinder dem Luftballon hinterhertraben.
Die Mamis und die Papis sollen auf dem Schulhof warten.
Eine Stunde oder so.
Millie küsst Mama zum Abschied.
Mama ist fix und fertig. Sie hat einen roten Kopf. »Millie!«,
sagt sie. »Musstest du so eine Schnattergans sein? Ich habe
mich richtig geschämt.«
»Brauchst du nicht«, sagt Millie. »Ich habe mich doch auch
nicht geschämt.«
Schmatz, schmatz, schmatz. Man braucht sich auch nicht zu
schämen, wenn man seine Mami abschmatzt. Selbst wenn
Gus und Wulle zuschauen.
Gus lacht richtig blöd. »I-Männchen! Kaffeekännchen!«,
ruft er.
Was soll das denn bedeuten?
»Mach dir nichts draus«, sagt Mama. »Früher haben die
Kinder als Erstes den Buchstaben I gelernt. Deswegen: I-
Männchen.«
Ach so ist das!
»Dritte Klasse! Dumme Tasse!«, brüllt Millie zurück. Und
dann läuft sie schnell dem gelben Luftballon hinterher.
Nun sind sie endlich mit der Lehrerin allein. Ob jetzt der
Ernst des Lebens anfängt? Bis jetzt ging es ja noch.
Wer ist denn überhaupt noch in Millies Klasse gekommen?

Alles **fremde** Kinder.

Sie stehen in der offenen Tür zum Klassenzimmer und strecken vorsichtig die Köpfe vor. Es riecht anders als im Kindergarten.

»Kommt nur, kommt nur«, sagt die Muh-Kuh-Lehrerin. Millie muss an den Rattenfänger von Hameln denken, aber dann weiß sie, so schlimm wird es nicht werden. Das weiß sie einfach.

»Sucht euch eure Plätze aus«, sagt die Lehrerin und jetzt stürmen alle los. Millie und Kucki bleiben zusammen und setzen sich schnell nebeneinander an einen Tisch. Nicht ganz vorn. Nicht ganz hinten. So in der Mitte.

Die Lehrerin heißt Frau Heimchen. Über den Namen müssen alle lachen. Ach, Millie wusste doch, dass Frau Heimchen einen schönen Namen hat.

Nun will die Lehrerin auch die Namen der Kinder wissen. Sie schreibt sich alle auf, damit sie auch morgen noch weiß, wer Ilona und wer Sülo und wer Danny ist. Heute verwechselt sie noch alle. Zu Millie sagt sie zuerst Willi! Hat sie denn nicht richtig hingeschaut? Sie ist doch kein Junge!

»Lilli?«, fragt Frau Heimchen.

Ist sie schwerhörig?

»Millie!«

Nun hat Frau Heimchen es endlich **kapiert**.

So richtig soll die Schule erst morgen beginnen. Richtig heißt: Vormittags neue Sachen lernen und nachmittags zu Hause Hausaufgaben machen. Heute müssen sie sich nur noch ein Heft besorgen. Frau Heimchen zeigt es herum. Das Heft ist klein und dick und hat viele Linien. Es darf in Rot oder in Blau sein.

»Auch in Grün?«, fragt Kucki.

Frau Heimchen nickt. »Meinetwegen«, sagt sie.

»Auch in Braun?«, fragt Danny.

Ja, ja.

»Auch in Weiß?«, fragt Millie. »Auch in Orange?«

Frau Heimchen seufzt und verdreht ihre schönen Muh-Kuh-Augen.

»Ja, ja, ja«, sagt Frau Heimchen. Den Ton in ihrer Stimme kennt Millie. Es hört sich genauso an, wenn Mama endlich ihre Ruhe haben will. Kurz bevor Mama zu Millie *Nervensäge* sagt. Aber das Gute an der Schule ist, dass es hier so viele Nervensägen gibt. Das Heft soll *Mutti-Heft* heißen. Deswegen, weil Frau Heimchen manchmal Nachrichten an die Muttis hineinschreiben will.

»Was denn?«, fragt Millie. »Geheime Botschaften?«

»Kann schon sein«, sagt Frau Heimchen. »Wenn ihr etwas vergessen habt, dann muss ich euren Eltern das mitteilen«, sagt sie.

Ist Frau Heimchen vielleicht eine alte Petze?

Millie wird ganz bang ums Herz.

»Ihr könnt ja noch nicht schreiben«, sagt Frau Heimchen.

»Aber in einem Jahr habt ihr Schreiben gelernt.«

»Vielleicht auch nicht«, sagt Millie und verschränkt die Arme vor der Brust. Und dann fällt ihr noch was ein, was sie **unbedingt** loswerden muss.

»Warum heißt das Heft denn *Mutti-Heft* und nicht *Vati-Heft*?«, will sie wissen.

Frau Heimchen weiß einen Moment lang nichts zu sagen. Dann holt sie tief Luft. »Weil meistens die Muttis sich um die Schule kümmern«, sagt sie.

»Aber nicht immer!«, meint Millie. Vielleicht wird sie selber überlegen müssen, wann das Heft ein Mutti-Heft und wann es ein Vati-Heft sein wird. Es kommt darauf an, was für geheime Botschaften das wohl sein werden.

Der rote Engel

Gestern haben sie zum Schluss des ersten Schultages den gelben Luftballon fliegen lassen. Sie mussten alle an das Fenster kommen und Frau Heimchen hat ihnen erzählt, dass sie jetzt den Ballon mit all ihren Wünschen emporsteigen lassen. Jeder durfte sich etwas ausdenken, was in Erfüllung gehen sollte, und diese Wünsche würden mit dem Luftballon hoch in den Himmel steigen.

Millie hat sich erst eine Tüte Smarties gewünscht, weil sie gerade so einen riesigen Hunger darauf gehabt hat. Aber dann fiel ihr ein, dass Frau Heimchen sich wohl etwas anderes vorgestellt hat. Etwas, das mit der Schule zu tun hat und wichtig sein könnte. Aber Millie ist nichts **Wichtiges** eingefallen. Sie weiß noch nicht, was einem in der Schule alles passieren kann.

Da wollte sie lieber bescheiden bleiben und hat sich nur was Gutes zum Mittagessen ausgedacht, zum Beispiel goldbraune Bratkartoffeln mit kleinen, grünen, sauren Gürkchen. Oder vielleicht Frikadellen mit Tomatensalat? Oder Reis mit roter Soße?

Aber dann musste sie sich plötzlich ganz schnell entscheiden, weil Frau Heimchen den Luftballon gerade hochsausen lassen wollte, und Millie hat sich schnell eine Apfeltorte gewünscht, Apfeltorte sehr fein mit geritzten Apfelvierteln, die sich wie Rosen beim Backen öffnen, mit Puderzucker obendrauf. Und es würde reichen, wenn es die Apfeltorte erst am Sonntag gibt.

Da flog der Luftballon auf und davon. Er torkelte ein bisschen in der Luft herum, als ob er nicht wüsste, wohin er reisen sollte, aber dann stieg er hoch und über das Dach und war nicht mehr zu sehen. Millie hat sich in diesem Moment für sehr klug gehalten, weil sie spätestens Sonntag wissen würde, ob man Frau Heimchen trauen kann oder ob sie spinnt. Ganz schön clever, nicht wahr?

Auf dem Nachhauseweg haben Mama und Millie das Mutti-Heft gekauft. Ein grünes. Die blauen und die roten Hefte waren schon ausverkauft. Die orangenen auch. Leider.

Und abends will Papa wissen, was am ersten Schultag alles passiert ist. Millie weiß gar nicht, was sie erzählen soll, weil eigentlich noch nichts **Richtiges** passiert ist.

Am zweiten Schultag spielen Mama, Trudel und Millie morgens Schulweg-Gehen.

Da die Schule dem Kindergarten direkt gegenüber liegt, kennt Millie den Weg eigentlich gut. Sie weiß aber nicht, ob der Weg nicht doch plötzlich anders verläuft, wenn sie ihn allein geht. Deshalb machen sie es so: Millie läuft vorneweg und Mama geht mit Trudel in der Kinderkarre ein paar Meter hinterher.

Trudel hält Millies Schultüte im Arm, denn heute haben sie damit noch was vor.

Es ist ziemlich früh am Vormittag. Niemand ist auf der Straße und Leute wie Gus und Wulle sind schon in der Schule. Millie muss erst zur dritten Stunde da sein, das ist um halb zehn, also neun Uhr und der große Zeiger muss danach noch mal halb rum im Kreis gelaufen sein.

Millie läuft den Fußweg entlang. Sie geht sehr flott, damit Mama sieht, dass Millie **ein alter Hase** ist.

»Nicht so schnell!«, ruft Mama. »Wenn du langsamer gehst, dann kannst du dich besser umschauen und merkst, wann es gefährlich wird.«

Ach so, wenn Mama nicht mitkommen kann!

Rechts stehen Häuser mit Zäunen und Hecken dicht am Bürgersteig. Auch das Haus von Oma Schäfer. Da darf Millie heute nicht stehen bleiben, auch wenn Kater Mäxchen im Garten sitzt und sich die Schnute putzt.

Links vom Gehweg zwischen den Schatten werfenden Bäumen wachsen Heckenrosen. Sie sind weiß und rosa wie leckere Pfefferminzchen.

Die Rosen riechen gut. Sie haben Besuch von Marienkäfern. Millie mag Insekten eigentlich nicht besonders, mit Ausnahme von Fliegen, aber Sonnenkäfer liebt sie **heiß und innig**.

Ein kurzer Halt ist doch wohl erlaubt.

Millie legt ihre Hand auf die Heckenrosenblätter und ein Käfer krabbelt sofort gelassen auf ihren Finger.

»Millie!«, ermahnt Mama. »So geht das nicht. Du darfst dich nicht ablenken lassen. Du musst auf den Verkehr achten und zügig laufen, damit du rechtzeitig in die Schule kommst.«

An was man alles denken soll!

Millie schenkt Trudel ihren Sonnenkäfer. Trudel freut sich, dass Millie wieder bei ihnen ist, weil sie sich sonst den Kopf verrenkt, um Millie zu sehen. Aber Mama scheucht Millie fort. Sie muss wieder **ganz allein** ein Stück vor ihnen laufen.

Jetzt kommt die Kreuzung. Links gucken, rechts gucken, links gucken. Alles ist frei. Aber wenn sich nun inzwischen jemand von rechts herangepirscht hat? Ein blöder Autofahrer?

Rechts gucken, links gucken, rechts gucken.

»Millie!«, sagt Mama. »Siehst du nicht, dass alles frei ist? Du könntest schon längst auf der anderen Straßenseite sein.«

Mama macht einen aber auch ganz schummerig im Kopf! Links gucken, rechts gucken, links gucken. Millie stampft über die Straße. Dort dreht sie sich um. Ob Mama mit Trudel auch heil über die Kreuzung kommt?

Gott sei Dank.

Auf dem Schulhof ist es menschenleer. Halt, das stimmt nicht. Mama und Millie und Trudel sind zusammen drei Leute.

Und jetzt machen sie, was sie sich vorgenommen haben. Mama drückt Millie die Schultüte in die Hand und schickt Millie zum Schuleingang. Dort stellt Millie sich vor das geöffnete Portal. Portal ist die Haustür von der Schule. Sie ist sehr groß und besteht aus zwei Hälften. Es könnte auch gut eine Kirchentür sein.

Millie steht auf der dritten Stufe. Sie kommt sich winzig vor. Die Schule sieht ziemlich dunkel aus und uralt. Sie ist bestimmt tausend Jahre alt. Das Gebäude erstreckt sich weit zu beiden Seiten und bis hoch über Millies Kopf.

Mama hat den Fotoapparat dabei. Und nun knipst sie den ganzen restlichen Film voll. Millie ist sehr feierlich zumute. Eigentlich ist heute noch mal erster Schultag. Jedenfalls werden sie das später allen Leuten erzählen, wenn sie die Bilder mit der Schultüte rumzeigen. Auch wenn es ein kleines bisschen geschummelt ist.

Am nächsten Tag soll Millie **mutterseelenallein** zur Schule gehen.

»Schaffst du das, Millie?«

Klar.

Komisch, dass Frau Morgenroth und King jetzt schon zu ihnen kommen. Meistens tauchen sie nur so früh auf, wenn Mama was vorhat und Millie und Trudel dabei nicht gebrauchen kann. Zum Beispiel wenn Mama zum Arzt muss. Millie küsst Mama zum Abschied auf den Mund. Sie küsst King aufs Ohr und Trudel in die Luft.

»Tschüs, Mama.«

»Tschüs, Millie.«

Millie läuft erst ein Stück rückwärts den Gehweg entlang, damit sie Mama, die heute ihr lustig flatterndes Sommerkleid anhat, auch noch lange sehen kann. Mama malt mit der Hand Kringel in die Luft. Ja, ja. Millie dreht sich ja schon um.

Ohne Mama hinter sich kann Millie so schnell laufen, wie sie will. Bis zum Haus von Oma Schäfer.

Millie bleibt am Zaun stehen. Der Kater ist nicht zu sehen.

»Mäxchen!«, ruft Millie. »Mäxchen!«

Da Millie so schnell gerannt ist, hat sie jetzt bestimmt Zeit, noch zweimal nach Mäxchen zu rufen.

Kein Mäxchen weit und breit zu sehen. Nur weiter hinten, wo Millie gerade hergekommen ist, flattert hinter einem Baum ein Stück Stoff, das genauso aussieht wie das Sommerkleid von Mama, rot mit kleinen weißen Punkten.

Das kann doch nicht sein! Aber vielleicht kann es doch sein, dass es Mamas Kleid zweimal gibt. Es macht Millie richtig froh.

Weiter! Die Kreuzung kommt. Links und rechts und links schauen. Nix zu sehen. Da kann man getrost über die Straße laufen. Mann, das ist aber auch ein langer Weg zur Schule.

Und jetzt ist ein Stein zwischen Millies Fuß und die Sohle von der Sandale geschlüpft. Millie hebt den Fuß an und schüttelt ihn. Aber der Stein fällt nicht raus.

Millie muss die Sandale ausziehen. Sie sucht erst den Bürgersteig ab, ob nicht irgendwo ein Häufchen Hundekacke liegt.

Alles sauber.

Millie setzt sich auf den Hintern. Ja, so kann sie die Sandale abstreifen. Der Stein ist an ihrem Söckchen hängen geblieben. Sie pult ihn heraus. Ganz schön groß. So groß wie ein Marienkäfer.

Ach, wie geht es denn ihren Freunden, den Sonnenkäfern? Sie krabbeln zu Millionen auf den Heckenrosen herum. Millie rappelt sich auf und beugt sich über die Rosenbüsche. Drei kleine Käferchen laufen gleich schnurstracks auf ihre

Finger. Ob man Marienkäfer mit zur Schule nehmen darf?
Bestimmt!

Frau Heimchen mit den Muh-Kuh-Augen sieht nicht so aus,
als ob sie schimpfen kann. Sie war schon zwei Tage lang
sehr nett.

Millie und die Sonnenkäfer setzen ihren Weg fort. Langsam,
langsam, damit die Käfer sich nicht erschrecken oder von
der Hand purzeln. Aber dann pusten sie sich auf und sprei-
zen die schwarz gepunkteten rostroten Flügel. Einen Moment lang kann Millie die zittrigen Flügel untendrunter
sehen. Sie sind durchsichtig und gemasert wie ein dünn
gelutschter Lolli, kurz bevor er zerbricht. Und dann heben
sich die Marienkäfer in die Luft und segeln auf und davon,
der Sonne entgegen.

Und etwas weiter zurück hinter dem vorletzten Baum weht
schon wieder das rotweiß gepunktete Kleid und das ist so
beruhigend, als ob ein Schutzengel bei Millie wäre.

Wenn der rote Stoff immer hinter Millie herkommt, dann
muss ihn aber jemand tragen. Ja, wer kann das sein? Natürlich wird es eine Frau sein. Ein Mann zieht ja kein Kleid an.
Höchstens zum Karneval. Vielleicht ist es aber auch ein Engel. Ein Schutzengel. Engel sind aber auch Frauen. Jedenfalls meistens.

Wenn der Engel sich so gut versteckt, dann wird Millie ihn

mal hinters Licht führen. Sobald Millie verschwindet, wird
der Engel sie suchen, denn ein Schutzengel darf einen niemals allein lassen.

Gibt es ein gutes Versteck? Dort an dem Haus, wo kein
Zaun steht und die Mülltonnen dicht am Gehweg abgestellt
sind! Zack ist Millie hinter den großen, grauen Tonnen verschwunden. Leider kann sie den roten Engel jetzt nicht
mehr sehen. Vorsichtig richtet Millie sich halb auf. Sie lugt
gebückt durch die Ritze zwischen den Tonnen auf den Bürgersteig. Ja, jetzt kann sie sehen, wie der Engel ein
Stückchen näher kommt und sich wieder hinter einem
Baum verbirgt.

Nun ist Millie sicher, dass der Engel tatsächlich das gleiche
Kleid anhat wie Mama.

Einer wartet auf den anderen.

Wer rührt sich als Erstes?

Millie.

Sie kann ja nicht ewig hier hocken bleiben. Frau Heimchen wartet. Und außerdem stinkt es zwischen den Mülltonnen **wie die Pest.**

An der Ecke zur Schule, wo Millie einen Zebrastreifen über-queren muss, steht eine Litfaßsäule. Millie gefallen die Pla-kate, die auf die Säule geklebt sind, weil sie so schön bunt sind und Bilder haben. Leider kann sie noch nicht lesen, was draufsteht. Aber das Lesen kommt noch!

Links gucken, rechts gucken, links gucken.

Ein Auto fährt heran. Es hält. Auch das Fahrzeug, das sich von der anderen Straßenseite dem Fußgängerüberweg nähert, hält an. Beide Fahrer haben Millie gesehen. Vorher darf man nicht über die Straße laufen.

Obwohl Millie gut zu sehen ist, streckt sie den Arm mit ab-gewinkelter Hand zur Seite. So machen es auch die Polizis-ten, wenn sie den Verkehr regeln. Halt! bedeutet das.

Geschafft! Millie hat das letzte gefährliche Stück des Schul-wegs hinter sich. Sie dreht sich noch einmal um. Das rote Kleid flattert hinter der Plakatsäule hervor.

Millie grinst breit. Jetzt kann der Schutzengel ruhig nach Hause gehen. In der Schule kann Millie schon selber auf sich aufpassen.

Da ist ja schon der Schulhof.

»Hallo, Kucki!«

»Hallo, Millie!«

Millie muss sich noch ein allerletztes Mal umdrehen, aber der Schutzengel ist weg. Millie darf nicht vergessen, Mama heute Nachmittag zu sagen, dass sie lieber mal 'ne lange Hose anziehen soll. Denn wenn man Jeans trägt, kann man sich besser hinterm Baum verstecken.

Heute ist der Teufel los

Nun geht Millie schon lange alleine in die Schule und jeder Tag ist ein bisschen wie der andere. Morgens essen sie zusammen Frühstück. An dem Montag nach der Einschulung hat Millie zum Frühstück den Rest vom Apfelkuchen gegessen, den sie am Samstag zusammen gebacken haben. Apfelkuchen sehr fein. Das mit dem gelben Luftballon hat also gewirkt. Frau Heimchen hat nicht gesponnen. Es ist gut, dass Millie das weiß.

Wenn es nicht gerade Apfelkuchen gibt, kann Millie so früh morgens noch nicht viel essen. Deshalb bekommt sie ein Butterbrot mit in die Schule.

Papa isst zum Frühstück gerne ein Ei. Wenn das Ei gebraten wird, ist Lärm in der Küche und man muss sehr aufpassen. Brateier werfen nämlich Küsse in die Luft. Das schmatzt und knallt richtig. Und es spritzt. Über die Schmatzerei können Millie und Trudel sich kaputtlachen. Millie macht das Schmatzen nach. Bevor sie losgeht, wirft sie nämlich auch Küsse in die Luft. Einen für Papa, einen für Mama und einen für Trudel.

Natürlich sammelt Millie auf dem Weg zur Schule Sonnenkäfer und manchmal muss sie auch Mäxchen begrüßen. Deshalb schafft sie es nur so gerade eben, pünktlich in die Schule zu kommen. Millie kann jetzt schon richtig schreiben. Alle Wörter mit *AU*. Na ja, fast alle. AUTO und LAUB und BAUM und MAUS.

»Habt Acht vor dem Fehlerteufel!«, ermahnt Frau Heimchen.

Jaha. Das ist das Schlimmste, was man sich vorstellen kann. Der Fehlerteufel hat kleine Hörner, nackte Füße und einen Puschelschwanz. Er freut sich, wenn die Kinder Fehler machen. Aber Frau Heimchen freut sich nicht.

Wer keine Fehler macht, bekommt von Frau Heimchen ein Sternchen ins Heft gemalt. Oder zwei oder drei Sternchen. Alle Kinder wollen ein Sternchen bekommen.

»AUTO«, sagt Millie halblaut, »LAUB« und »BAUM«. Sie schreibt vorsichtig. Rauf, runter, rauf.

Es gibt viele Wörter mit AU. Das Lied mit den »Drau Chau-Nau-Saun maut daum Kaun-Trau-Bauss« ist aber noch zu schwierig zum Schreiben. Sie singen es lauthals in der Klasse. Sie können es **auswendig**.

»Kennst du eine Gau-Rau-Laus?«, fragt Millie.

Kucki schüttelt den Kopf.

»Das sind Gorillas!«, sagt Millie. »Und weißt du, was eine Au-Pfaul-Maus ist?«

»Millie!«, ermahnt Frau Heimchen.

Aber Millie kann nicht aufhören. »Das ist Apfelmus«, erklärt sie Kucki.

Frau Heimchen sieht Millie mit festen Augen an.

Doch in Millie stecken lauter lustige Wörter. Die wollen raus.

»Und eine Maul-Zaut?«, flüstert Millie Kucki ins Ohr. »Was ist das?«

Kucki zieht die Schultern hoch und Frau Heimchen ruft schon wieder: »Millie! Komm doch mal her!«

Aber bevor Millie aufsteht, klärt sie Kucki noch rasch auf.

»Eine Maul-Zaut ist eine Mahlzeit«, sagt sie. »Ist doch klar. Wegen: Maul.«

Und dann hüpft sie nach vorn, wo Frau Heimchen an ihrem Tisch sitzt.

»Und dein Mutti-Heft hättest du auch gleich mitbringen sollen«, sagt Frau Heimchen.

Da hopst Millie zurück und holt das grüne Heft.

Frau Heimchen schreibt etwas hinein. Millie kann das nicht lesen.

»Was steht da?«, fragt sie.

Aber Frau Heimchen will nichts verraten. Es ist eine geheime Botschaft für Mama.

»Lass deine Mutter hier unterschreiben«, sagt Frau Heimchen. »Damit ich weiß, dass sie es gelesen hat.«

Mama verrät die geheime Botschaft.

»Millie ist eine Schwätzerin«, liest Mama vor.

»Mehr steht da nicht?«, will Millie wissen.

»Das reicht doch«, sagt Mama. »Millie, du musst dich wirklich zusammenreißen. Du störst doch mit deinem Geplapper den Unterricht.«

»Aber sonst ist doch nichts los«, klagt Millie. »Mir fallen eben immer so komische Sachen ein. Weißt du, was Mama in der Au-Sprache heißt? Mau-Mau!«

Mama will nicht, aber sie muss trotzdem lachen.

Schade, dass Frau Heimchen doch eine alte Petze ist!

Mama setzt ihren Namen unter den blöden Satz mit der Schwätzerin. Müssen denn Eltern den Lehrern auch gehorchen?

Millie nimmt sich vor, in der Schule besonders lieb zu sein. Frau Heimchen erzählt nämlich jeden Tag eine **schöne** Geschichte. Und nur wenn man still ist, kriegt man mit, wie die Geschichte weitergeht.

»Es waren einmal drei alte Damen«, erzählt Frau Heimchen. »Die sollten in Rente gehen. Aber sie befürchteten, dass sie es ohne Arbeit nicht aushalten würden. Deshalb ließen sie sich einiges einfallen, damit sie nicht vor lauter Langeweile sterben würden. Eines Tages trafen sie ein Krokodil. ›Was bist du nur für ein herrliches Tier‹, sagten sie zum Krokodil. ›Du bist so schön grün und so wunderbar flach.‹«

Heute will Frau Heimchen die Geschichte weitererzählen und Millie ist schon ganz gespannt.

Ziemlich atemlos kommt sie auf dem Schulhof an. Unterwegs ist auf der Straße ein Reinigungsauto gefahren. Es hat alles, was am Wegesrand lag, aufgefressen, und Millie ist Seite an Seite mit dem Fahrzeug gelaufen um zu sehen, ob es auch die platt gedrückten Dosen verschlingen würde und die aufgeplusterte Plastiktüte. Manchmal ist das Reinigungsauto wieder ein Stückchen zurückgebraust, weil die rund laufenden Bürsten beim ersten Mal nicht richtig zupacken konnten. Millie musste also warten um alles mitzukriegen. Und dann ist es **höchste Zeit** gewesen und sie hat ordentlich flitzen müssen.

Gleich hat sie es geschafft. Da verstellt ihr jemand den Weg, steht in der halb geöffneten Tür und breitet seine Arme aus, dass es kein Durchkommen gibt.

Der Uhu!

Damals, bei der Aufführung, hat Millie gedacht, dass der Uhu ein hübscher Junge ist, aber jetzt steht er ganz nah vor ihr und grinst sie blöd an. Er weicht nicht von der Stelle.

»Lass mich rein«, faucht Millie.

Der Uhu schüttelt den Kopf. Er ist mindestens einen Kopf größer als Millie und bestimmt schon in der dritten oder in der vierten Klasse.

Millie drückt beide Hände gegen seinen Oberkörper, aber der Uhu ist leider viel stärker als Millie. Das hat sie sich schon gedacht.

Was soll sie machen?

Soll sie heulen?

Ach, das würde den Uhu wahrscheinlich nur freuen. Das weiß Millie von Gus. Der lacht sie nur aus. »Heulsuse, Heulsuse!«, ruft er dann. Und sie muss noch heftiger weinen.

Soll sie ihm eine knallen?

Das ist schwierig. Es ginge, wenn der Uhu ihr zuerst eine knallen würde. Dann könnte sie ihm eine zurückgeben.

Aber der Uhu rührt sie nicht an. Er schaut sie nur mit seinen großen, frechen Augen an.

»Blöder Hund«, sagt Millie, weil ihr gerade nichts Besseres einfällt.

Das macht dem Uhu nichts aus. Und den Weg gibt er auch nicht frei.

Millie versucht unter seinen ausgestreckten Armen, die er gegen den Türrahmen gestützt hat, hindurchzukriechen, aber der Uhu ist blitzschnell überall dort, wo Millie auch ist. Es gibt kein Durchkommen. Bevor sie doch noch heult, sucht Millie das Weite. Ihr ist das Beste eingefallen, was ihr im Moment überhaupt in den Kopf kommen konnte. Sie darf ja nicht einfach nach Hause gehen. Aber sie kann in den Kindergarten laufen. Ist es erlaubt, jemanden aus dem Kindergarten zu werfen? **Nie im Leben.**

Frau Opelka ist überrascht, als sie Millie sieht.

»Hast du denn noch keine Schule?«, fragt sie.

»Ich wollte euch mal besuchen«, sagt Millie.

»Das ist aber nett«, sagt Frau Opelka.

Auch die Kleinen im Kindergarten freuen sich.

»Was hast du denn schon gelernt, Millie?«, fragt Frau Opelka. »Kannst du uns was vorzeigen?«

»Ich kenn eine neue Geschichte«, sagt Millie.

»Prima«, sagt Frau Opelka. »Erzähl sie uns doch mal.«

Millie darf sich auf einen Stuhl setzen und alle anderen Kinder sitzen im Halbkreis um sie herum.

»Es waren einmal drei alte Damen.« So fängt Millie an. Sie kennt die Geschichte ja nur halb und als sie dort angekommen ist, wo das Krokodil auftaucht, ist die Geschichte wie abgeschnitten. Soll sie etwa sagen, dass sie den Rest noch nicht kennt? Lieber erzählt sie weiter, weil die kleinen Kinder sie so anschauen, als ob Millie schon richtig groß wäre. Wer groß ist, kann auch Geschichten erfinden.

»Das Krokodil schaut an sich herunter«, fährt Millie also fort. »Tatsächlich. Es ist schön grün und wunderbar flach. Die alten Damen sagen: ›Liebes Krokodil, lege dich doch bitte dort im Park zwischen die duftenden Blumen. Du bist so grün und flach, dass dich niemand sehen wird.‹ Das Krokodil marschiert also in das Blumenbeet und lässt sich in aller Ruhe nieder.«

Von ihrem Platz aus kann Millie den Schulhof gut überblicken. Und nun bemerkt sie, dass in der geöffneten Eingangstür zur Schule niemand mehr den Weg versperrt.

»Ich muss jetzt gehen«, sagt sie. »Nun fängt die Schule an.«

»Ooohhh«, sagen die Kindergartenkinder enttäuscht. »Ooohhh.«

Millie macht, dass sie fortkommt, rennt über den Hof und in die Schule hinein. Sie stürzt in den Klassenraum.

Frau Heimchen hat natürlich schon längst mit dem Unterricht begonnen. Sie hat die Krokodilgeschichte ein Stück

weitererzählt und jetzt schreiben und lesen die Kinder neue
Wörter. Oh, oh, hoffentlich hat Millie nicht zu viel verpasst.
Am Schluss der Stunde sagt Frau Heimchen: »Komm doch
mal her, Millie.«

Die anderen Kinder dürfen schon in die Pause gehen.

»Mit Mutti-Heft?«, fragt Millie.

Mit Mutti-Heft!

Wieder schreibt Frau Heimchen eine Mitteilung hinein.
Millie überlegt, ob das grüne Heft heute ein Mutti-Heft oder
ein Vati-Heft ist. Sie weiß nicht, was besser sein wird. Sie
beschließt, dass sie das Heft gar nicht zu Hause vorzeigt.
Morgen wird sowieso eine neue Seite dran sein und Frau
Heimchen hat ihre Bemerkung **für die Katz** geschrieben.
Sie wird doch nicht jeden Tag dran denken können!

Die Schularbeiten nachmittags fallen Millie heute besonders
schwer. Sie hat doch was verpasst. Der Fehlerteufel hat an
Millie große Freude.

Mama meckert und Millie ist sehr unglücklich.

Woher soll sie auch wissen, ob AFFE mit zwei F geschrieben wird?

»Hast du in der Schule nicht aufgepasst?«, fragt Mama.
Millie knirscht mit den Zähnen. Heute ist der Teufel los.
Später läuft sie in den Keller. Sie hat so eine Wut in sich.
Einmal wegen Mama. Und wegen Frau Heimchen. Aber am

größten ist die Wut auf den Uhu. Der ist an allem schuld. Millie zieht die dicken Gummistiefel an, die sie immer trägt, wenn sie über die nasse Mäusewiese läuft. Dann trampelt sie auf dem Fußboden der Waschküche herum, links und rechts und links und rechts, immer schneller und schneller. Endlich ist die Wut aus ihr herausgerutscht und totgetrampelt. Millie schnauft, als ob sie bis zur Mäusewiese und zurück gelaufen wäre.

»Was ist eigentlich mit dir los?«, fragt Papa abends, als Millie schon eine ganze Weile mit Trudel herumgezankt hat. Aber Millie will nicht antworten. Sie mault, weil Trudel in einer Tour nach ihrer Puppe Miss Mandarella greift. Aber Trudel muss ihre Pfoten von Miss Mandarella lassen. Das weiß sie ganz genau! Sonst setzt es was!

Mama schlägt vor, dass sie alle eine Radtour machen, damit ihnen die frische Luft in die **Seele** fährt.

O ja. »Lass uns zu den Brombeerhecken fahren«, sagt sie. »Übers Feld und hinterm Bauernhof in Richtung Pferdewiesen. Da wachsen doch Brombeerhecken. Die Beeren müssten jetzt reif sein.«

Trudel ist ganz verrückt nach der Radtour. »Bommbär, Bommbär«, singt sie. Trudel **nervt.**

Papa nimmt Trudel vorne zu sich aufs Rad. Dort ist das geflochtene Fahrradkörbchen befestigt und Trudel wird hineingesetzt. Sie will unbedingt ihre Hände dorthin legen, wo Papa den Lenker festhalten muss. Papa drückt Trudels Arme fort, aber **hast du nicht gesehen** hat Trudel ihre Pfoten wieder an denselben Platz geschoben.

»Hau ihr eins auf die Finger!«, sagt Millie, aber Papa schaut Millie nur streng an. Dabei ist es doch Trudel, die sich heute Abend so doof benimmt.

Millie ist inzwischen **Expertin** im Radfahren. Nur manchmal wackelt das Rad noch ein wenig hin und her, besonders wenn sie gerade erst aufgestiegen ist und noch kein **Tempo** hat.

Heute wollen sie eine lange Strecke fahren. Erst ein Stück die Straße entlang und dann über den rumpeligen Feldweg. Mitten auf dem Weg steht ein Hindernis. Eigentlich können nur Fußgänger um die Barriere herumgehen. Sie besteht aus zwei versetzten Eisenstangen. Mama schafft es nicht, sich mit dem großen Rad hindurchzuwinden. Aber Millie gelingt es. Erst scharf links, dann scharf rechts um die Kurve. Das macht ihr so leicht keiner nach!

Papa fährt als Letzter. Er zankt sich immer noch mit Trudel. »Lass den Lenker los, Trudel«, warnt er die kleine Schwester, »sonst kehren wir sofort wieder um.«

Endlich ist Ruhe. Trudel hat wohl kapiert, dass sie noch zu klein ist um selber zu lenken.

Auf dem Feldweg, kurz vor dem Bauernhof, wo der Hund die Leute ankläfft, macht es knacks. Die Kette von Papas Fahrrad ist gerissen. Fast wäre er vornüber auf die Schnauze geknallt. Er kann sich und Trudel gerade noch retten.

»Das wird wohl nichts mit unseren Brombeeren«, sagt er. Da kennt er aber Trudel schlecht. »Bommbär, Bommbär«, jammert sie.

»Mach mich nicht verrückt, Trudel«, sagt Papa und wischt sich den Schweiß von der Stirn.

Aber Trudel hört nicht auf zu mäkeln. »Bommbär.«

Papa hat sie an den Feldrand gesetzt. Jetzt zieht Trudel sich eine Sandale aus und schmeißt sie auf Papa.

Böse Trudel!

Papa bemüht sich das Fahrrad zu reparieren.

Mama hält das Rad und Papa wurschtelt an der öligen Kette herum. Seine Finger sind sofort voller schwarzer Schmiere. Schöne Schweinerei! Trotzdem greift er zur Sandale und wirft sie zurück zu Trudel.

Da kommt der Hund vom Bauernhof angerannt. Er macht einen Höllenlärm. Er bellt aufgeregt mit einer schrecklich hohen Stimme. Bestimmt wird er gleich heiser.

Der Köter umkreist sie alle kläffend. Millie hat ein bisschen Schiss. Vielleicht sucht sich der Hund gleich einen von ihnen aus, den er beißen will.

Der Hund hat sich Trudel ausgesucht. Nicht direkt. Aber er stürzt sich auf Trudels Sandale.

Trudel hat inzwischen zu jammern aufgehört. Sie schaut den Hund entgeistert an. Ihre Augen sehen aber ziemlich wild aus.

Der Köter steht direkt vor Trudel. Er versucht den Schuh mit spitzen Zähnen seitlich am Riemchen zu packen.

Da lässt sich Trudel nach vorne fallen. Jetzt hockt sie auf allen vieren, schießt mit dem Kopf vor und beißt dem Hund ins Ohr.

Trudel ist ein Jahr und acht Monate alt. Sie hat zwölf scharfe Zähne. Die reichen aus.

Der Hund macht einen Quiekser, springt zur Seite und schaut Trudel noch einmal erschrocken an. Dann haut er **in Windeseile** ab, quer über das Feld nach Hause, wo er hingehört.

Papa, Mama und Millie sind voller Bewunderung für Trudel, besonders aber Millie. Das Herz ist ihr weit aufgegangen. Sie wusste gar nicht, dass sie so eine mutige Schwester hat. Trudel wird sogar mit einem Köter fertig und Millie noch nicht einmal mit dem Uhu. Aber das mit dem Uhu ist ja auch etwas ganz anderes.

Mit den Brombeeren wird es heute Abend nichts mehr. Papa muss sein Rad nach Hause schieben. Und damit Trudel die Klappe hält, wollen sie an einer Holzbude, wo es Blumen und Früchte gibt, etwas Obst kaufen.

Die Bäuerin, die dort Äpfel, Pflaumen und Birnen anbietet, schneidet zum Probieren zwei Viertelchen von einer Birne ab. Eine Scheibe ist für Millie und die andere muss Trudel essen.

Trudel ist als Erste dran. Sie verzieht das Gesicht so sehr in die Breite, dass Stirn, Augen, Mund und Kinnfalte nur aus lauter Querlinien bestehen.

Millie beißt auch in ihr Stückchen. Trudel hat Recht! Da zieht sich ja alles in einem zusammen! Millie schüttelt sich. Papa hat nichts mitbekommen. »Vielleicht nehmen wir von den Birnen«, schlägt er vor. »Einverstanden?« Er blickt in die Runde.

Mama zuckt mit den Schultern und Millie sagt: »Die würde ich nicht nehmen, Papa. Die schmecken vielleicht schrecklich! Ich glaub, es sind Zitronen, die sich als Birnen verkleidet haben.«

Lauter Luftschlangen

Heute ist Millie pünktlich in der Schule. Sie kann auf dem
Schulhof noch lange mit Kucki schnattern. Seit gestern ist ja
so viel passiert.
Es läutet zum Beginn des Unterrichts. Die Kinder stürzen
ins Gebäude.
Wo ist der Uhu?
Millie hält sich vorsichtshalber dicht hinter Kucki. Sie hofft,
dass sie mit den vorwärts stürmenden Kindern und mit
Kucki als Deckung ins Haus gespült wird.
Dann sieht sie den Uhu. Er hat sich an denselben Platz wie
gestern aufgestellt. Und er schaut Millie an. Mit einem ganz,
ganz miesen Lächeln.
Der Uhu steht wieder breitbeinig und mit ausgestreckten
Armen in der Eingangstür. Er lässt alle Kinder durch, eines
nach dem anderen, und Millie denkt, heute wird sie es
schaffen.
Aber der Uhu hat Millie **auf dem Kieker**. Kaum hat sich
Kucki an ihm vorbeigedrückt, schnappt die Falle zu.
Für Millie ist der Uhu wie eine Mauer, gegen die sie ständig
anrennt und wo es kein Durchkommen gibt.

Sie schubst den Uhu. Sie rempelt ihn an. Sie sagt: »Du bist vielleicht ein alter Affenschwanz.«

Der Uhu lacht nur.

Millie schaut sich um. Steht denn nicht irgendwo eine Lehrerin herum, die sie um Hilfe bitten könnte? Obwohl Millie sich schämen würde. Sie ist doch nicht mehr im Kindergarten. Aber alleine schafft sie es nicht. Sie weiß auch nicht, warum sie sich beim Uhu so kraftlos vorkommt. Als ob sie nur Pudding in den Muskeln hätte und keinen Mumm. Dahinten unterhält sich die Pferdeschwanz-Lehrerin mit dem Hausmeister. Der Hausmeister sieht mit seinem grauen Kittel und der spitzen Nase aus wie eine geflügelte Eidechse. Oder wie ein kleiner Dinosaurier. Millie traut sich nicht ihn anzusprechen.

Und jetzt verschwindet die Pferdeschwanz-Lehrerin auch noch im Nebeneingang. Sie hat wohl gedacht, alle Kinder sind längst im Schulgebäude. Aber das stimmt nicht. Millie und der Uhu sind halb drinnen und halb draußen.

Millie macht eine letzte Anstrengung an dem Uhu vorbeizukommen. Hat er denn kein Mutti-Heft, in das die Lehrerin reinschreibt, dass er immer zu spät kommt? Oder muss er erst zur zweiten oder dritten Stunde in die Klasse?

Millie versucht sich mal vorzustellen, dass der Uhu Gus ist. Auf Gus hat sie immer eine heiße Wut.

Sie schließt die Augen und denkt, dass Gus sie gerade gekniffen hat. Das hat er schon mal gemacht. Und da hat Millie ihm eine reingehauen. Das müsste doch auch jetzt klappen. Sie formt ihre Hand zur Faust. Dann lässt sie ihren Arm vorschnellen. Sie müsste den Uhu genau in den Bauch treffen.

Aber der Uhu fängt ihre Faust mit der Hand ab und drückt Millie etwas zurück.

»Lass mich bloß durch«, sagt Millie und windet sich aus seinem Griff. »Sonst …«

»Was … sonst …?«, fragt der Uhu. Immerhin lässt er Millies Hand los.

Millie weiß nicht, was sonst …

»Sag schön ›bitte, bitte‹«, fordert der Uhu sie auf. Seine Stimme ist nicht besonders böse, sie hört sich sogar ganz nett an. Trotzdem: Bitte, bittesagen, das macht Millie nicht. Nicht **um alles in der Welt**.

Lieber geht sie wieder in den Kindergarten. Da ist sie wenigstens sicher.

»Na, Millie?«, sagt Frau Opelka. »Willst du uns deine Geschichte weitererzählen?«

Das ist eine gute Idee.

»Hast du denn noch keine Schule?«, will Frau Opelka wieder wissen.

»Später«, sagt Millie und setzt sich schnell vor die gespannt wartenden Kinder auf den Stuhl.

»Also ...«, beginnt sie. »Das schöne, grüne, flache Krokodil läuft zum Blumenbeet und legt sich mitten zwischen die bunten Blüten. Es ist kaum zu sehen, weil die Blumen höher sind als das flache Krokodil. Die alten Damen haben in der

Zwischenzeit ein Portmonee genommen und es an einen langen Faden gebunden. Das Portmonee legen sie auf den Rasen dicht vor das Blumenbeet und dem Krokodil nah vors Maul.«

Die Kindergartenkinder rufen »ah« und »oh« und »huch« und sie zappeln vor Aufregung mit Armen und Beinen. Aber nun muss Millie los. Der Schulhof ist leer und die Luft ist rein.

Frau Heimchen schaut neuerdings nicht mehr so nett aus, wenn sie Millie sieht. Sie runzelt die Stirn.

»Millie!«, sagt sie traurig. »Was ist denn los? Warum kommst du immer zu spät?«

Millie schaut auf den Boden. Ihre Nase tropft, aber geheult wird nicht. Es ist schon schlimm genug in die Klasse zu kommen, wenn alle anderen schon versammelt sind und still im Schreibheft arbeiten. Und es ist noch schlimmer vorne vor der ganzen Klasse stehen zu müssen.

Aber Millie kann Frau Heimchens Frage nicht beantworten. Es kommt einfach nichts raus aus ihrem Mund.

»Millie?«, drängt Frau Heimchen.

Millie schaut auf. Sie zieht die Nase hoch und Frau Heimchen runzelt noch kräftiger die Stirn.

»Mutti-Heft?«, schlägt Millie lieber gleich vor.

»Ja«, sagt Frau Heimchen und schreibt etwas hinein, was Millie noch nicht lesen kann.

»Du hast den Eintrag von gestern ja noch nicht unterschreiben lassen«, sagt Frau Heimchen. »Das holst du noch nach, gell, Millie?«

»Ja«, sagt Millie brav. Jetzt kann sie endlich auf ihren Platz gehen. Sie hat heute schon wieder eine Menge verpasst. Die anderen schreiben schon LILO HAT EINEN HASEN von der Tafel ab.

In der dritten Stunde haben sie **Handarbeit.** Millie hat hellblaues Baumwollgarn mitgebracht. Daraus soll sie einen Topflappen machen. Strickliesel-Stricken ist Frau Heimchen zu einfach gewesen. »Das können wir doch schon alle«, hat sie gesagt.

Hat die eine Ahnung!

Aus dem Baumwollgarn sollen sie zuerst lauter Luftschlangen häkeln. Das ist ja noch schlimmer als Strickliesel-Stricken. Der Faden läuft aus den Fingern wie Wasser aus dem Hahn und das hellblaue Knäuel kullert durch die Klasse, wo viele Füße schnell ein **Kuddelmuddel** draus machen.

Kucki hat rosa Garn ausgewählt. In ihrer Luftschlange sieht eine Masche wie die andere aus. Sie kann schon mit der zweiten Reihe beginnen. Wenn sie so weitermacht, wird ihr Topflappen heute noch fertig und ihre Mama kann sich freuen.

Millies Maschen sind sehr unterschiedlich groß geraten. Sie muss aber auch die ganze Zeit an den Uhu denken. Ob sie in der großen Pause mal Gus und Wulle um Hilfe bitten soll? Aber sie weiß schon jetzt, was Gus sagen wird.

»Der Uhu?«, wird er sagen. »Mit dem legen wir uns nicht an. Mit dem musst du schon alleine fertig werden.« Und Wulle, die Pflaume, gibt Gus immer Recht.

Und was ist mit Kucki? Im Kindergarten kam keiner gegen sie an. Da war sie immer die Stärkste.

»Hilfst du mir nachher den Uhu zu verkloppen?«, fragt Millie leise.

»Warum denn?«, sagt Kucki. »Der hat mir doch nichts getan.«

Klar. Ist ja logisch. Aber ... aus alter Freundschaft?

Kucki hört jedoch gar nicht mehr zu. Sie häkelt wie ein Weltmeister.

Millies Luftschlange sieht erbärmlich aus. Durch einige Maschen kann sie ihre Finger stecken. Und die anderen sind so fest zugezogen, dass sie kleine Knötchen bilden. Millie versucht sie zu lockern. Aber mit dem Häkelhaken kommt sie gar nicht rein. Sie muss die Zähne zu Hilfe nehmen, zubeißen und ziehen. Es knackt.

Hat Millie den Faden durchgebissen? Vor Schreck muss sie schlucken.

Nein, der Faden ist nicht ab. Er ist nass und etwas blutig. Aber Millies zweiter Wackelzahn ist rausgefallen. Weg und schon wieder verschwunden.

»Siehst du ihn irgendwo, Kucki?«

»Nee«, sagt Kucki und häkelt eifrig weiter an ihrer vierten Topflappenreihe. »Dann hast du ihn also wieder verschluckt.«

Das ist nun schon der zweite Milchzahn, der verschütt gegangen ist. Bleibt denn überhaupt noch einer für Mamas Elefantenkiste übrig? Millie ist sich nicht sicher. Aber eines weiß sie schon jetzt: Sie wird Handarbeit niemals ausstehen können.

Es ist schwer, nachmittags an den Hausaufgaben zu arbeiten, wenn man in der Schule so viel verpasst hat. Millie muss furchtbar viele Wörter schreiben: ULI SPRINGT IN DEN GARTEN. ER SCHAUT IN DAS HAUS. ER RENNT GEGEN EINEN BAUM.

Der Fehlerteufel lacht und lacht.
Er sieht aus wie der Uhu.
Mama ist ganz verzweifelt. »Pass doch auf,
Millie!«, ruft sie. »Wo bist
du denn mit deinen Gedanken?«
Ach, und da ist ja noch das Mutti-Heft.
Millie traut sich nicht es Mama zu zeigen.
Wer weiß, was Frau Heimchen reingekritzelt hat. Bestimmt keine netten Sachen.

Mama ist nervös. Millie sitzt **stundenlang** an den Schularbeiten und Trudel will nicht schlafen. »Tudelausulabeitmachen«, sagt sie.

Mama gibt Trudel Papier und Buntstifte. Aber Trudel ist

viel zu müde zum Schreiben. Sie schmeißt die Stifte durch die Gegend.

Mama ist fix und fertig und heult fast. Als ob sie gleich Husten und Schnupfen kriegen würde und Pfefferminztee trinken muss. Millie wird sie schonen müssen. Heute verträgt Mama keine Aufregung.

Zum Glück kommt Frau Morgenroth. Sie fährt Trudel in der Kinderkarre spazieren und Mama kann sich ein Weilchen hinlegen.

»Schaffst du die Schularbeiten allein, Millie?«

Millie nickt.

Aber es wird nichts Rechtes damit. Millies Gedanken gehen auch spazieren.

Millie spielt mit dem Bleistift. Sie wringt ihn zwischen ihren Händen. Die Buchstaben tanzen in ihrem Heft herum, sie hopsen hierhin und dahin und wollen nicht auf der Linie bleiben.

Jetzt ist der Bleistift abgerutscht. Er war frisch angespitzt. Die Spitze hat sich **tief** in Millies Handfläche gebohrt.

Millie hat ein Loch in der Hand.

Aus dem Loch kommt Blut. Millie wickelt ein Taschentuch um ihre Hand. Oder soll sie Mama wecken?

Am liebsten wäre Millie jetzt eine Katze, die sich in der hintersten Ecke vom Haus versteckt.

Millie ist ein bisschen krank

Als Frau Morgenroth wiederkommt, erzählt sie, dass Trudel unterwegs geschlafen hat. Trudel ist jetzt gut gelaunt.

Mama aber schläft immer noch. Millie und Trudel gehen sie wecken. Mama ist jetzt schlecht gelaunt.

»Was ist denn los?«, fragt Mama ganz quengelig. Mama ist schrecklich durcheinander. Und jetzt weint sie richtig los.

Dabei hat Millie Grund zum Heulen. Sie hebt ihre verbundene Pfote hoch.

Mama schaut gar nicht hin. Ihr muss ganz schummerig zumute sein. Als sie aufstehen will, kippt sie gleich zurück auf die Couch, auf der sie gelegen hat.

Und dann geht es richtig los. Mama heult Rotz und Wasser.

Aber **Mamas dürfen doch nicht weinen.**

Gut, dass Papa in dem Moment nach Hause kommt. Er ist sehr erschrocken.

»Was ist denn mit dir los?«, fragt er Mama. »Geht es dir nicht gut?«

Mama schüttelt heulend den Kopf.

»Soll ich vielleicht bleiben?«, fragt Frau Morgenroth. »Brauchen Sie Hilfe?«

»Nein, nein«, sagt Papa. »Es war schon eine große Hilfe, dass Sie sich heute Nachmittag um Trudel gekümmert haben. Wir kommen jetzt schon alleine zurecht.«

Papa will Mama trösten und nimmt sie in den Arm.

Millie möchte auch in den Arm genommen werden. Sie streckt Papa ihre Hand entgegen.

»Ach, du liebe Zeit«, sagt Papa. Er sieht aber nur Mama an. »Dein Gesicht ist ja ganz heiß und deine Augen glänzen. Du bist krank.«

Millie ist auch krank.

Mama hört ein bisschen mit dem Weinen auf. »Mir ist schlecht«, sagt sie. »Und mir ist schwindelig.«

Millie ist auch schwindelig.

»Du legst dich sofort ins Bett und misst Fieber«, sagt Papa. »Ich bring dir gleich das Thermometer.«

Wie gut, dass Mama nicht wegen Millie geweint hat, sondern weil sie krank ist. Dass sie wegen Millie weinen könnte, weiß sie ja noch nicht.

Mama hört auf Papa. Sie legt sich sofort ins Bett. Richtig unter die Decke und mit Nachthemd an. Das ist komisch, wenn draußen noch Tag ist. Millie und Trudel stehen an der Tür und schauen zu, wie Mama Fieber misst.

»Ach herrje«, sagt Papa. »Ich rufe gleich Frau Klinkenbusch an.«

Frau Klinkenbusch ist die Ärztin.

Millie und Trudel dürfen Mama jetzt nicht mehr anfassen.

»Mama könnte euch anstecken«, sagt Papa. »Und ich will nicht, dass ihr beiden auch noch krank werdet.«

Millie ist doch schon krank!

Trudel weint, weil sie nicht zu Mama darf, und Papa stellt zwei Stühle in den Korridor vor Mamas Tür, die offen bleibt. Dort dürfen Millie und die Schwester sitzen und Mama angucken.

Frau Klinkenbusch kommt ganz schnell. Sie fährt einen kleinen roten Flitzer. Die Tür klappert beim Auf- und Zumachen. Es ist gut, dass man das schon von weitem hört. Jetzt ist Millie **beruhigt**. Frau Klinkenbusch wird Mama gesund machen und Trudel kann endlich aufhören zu heulen.

»Na«, sagt Frau Klinkenbusch. »Ist die Mama krank?«

»Ich bin auch krank«, sagt Millie und streckt Frau Klinkenbusch ihre umwickelte Hand entgegen.

»Dann wollen wir mal sehen«, sagt Frau Klinkenbusch. Sie geht aber schnurstracks ins Schlafzimmer und guckt sich Mama an. Von oben bis unten. Auch unter dem Nachthemd. Frau Klinkenbusch hat eine braune Tasche bei sich. In der sind tausend tolle Sachen drin. Die braucht sie um Mama zu untersuchen.

»Ja, ja«, sagt Frau Klinkenbusch. »Die Mama ist ein bisschen

krank. Aber sie wird bald wieder gesund.« Sie lässt der
Mama Medizin da.

»Ich bin auch ein bisschen krank«, sagt Millie.

»Wo denn, Millie?«, fragt Frau Klinkenbusch.

»Hier«, sagt Millie und hebt den Arm hoch. »Und hier. Und
überall.«

Millie muss den Mund aufmachen und *Aaa* sagen.

Frau Klinkenbusch holt aus ihrer tollen Tasche einen Eis-
stiel. Mit dem Hölzchen drückt sie Millies Zunge so platt,
dass Millie fast kotzen muss.

»Ich kann nichts sehen«, sagt Frau Klinkenbusch, obwohl
sie mit einer Taschenlampe in Millies Rachen leuchtet. Die
Lampe sieht aus wie ein Kugelschreiber.

Millie muss schlucken. »Ich bin tiefer krank«, sagt sie.

Frau Klinkenbusch nimmt ein Läppchen aus der Tasche. Es
sieht fast aus wie ein Papiertaschentuch, nur kleiner und
mit Spuren drauf wie von Mäusepfötchen.

»Zunge raus«, sagt Frau Klinkenbusch. Sie hält Millies
Zunge mit dem Läppchen fest und zieht sie nach vorn, bis
es nicht mehr geht. Will sie unbedingt, dass Millie sich
übergibt?

»Na, na, na«, sagt Frau Klinkenbusch. »Nun stell dich mal
nicht so an, Millie.«

»Ich bin schon wieder ein bisschen gesund«, sagt Millie, da-

mit Frau Klinkenbusch nicht noch was Neues erfindet, wie
sie von oben bis unten in Millies Bauch gucken kann.
»Das will ich auch hoffen«, sagt Frau Klinkenbusch.
»Ich brauch aber ein Pflaster«, sagt Millie und hält Frau
Klinkenbusch die Hand vor die Nase.
Frau Klinkenbusch nimmt das zerknüllte Taschentuch ab.
»Na, Millie«, sagt sie. »Wie hast du das denn gemacht?«
»Bleistift«, sagt Millie.
Frau Klinkenbusch tupft ein paar Tropfen Medizin auf Mil-
lies Hand. Es brennt wie Zitronensaft. Dann klebt sie kreuz

und quer Pflaster über die **schlimme Stelle**. Es ist gleich besser geworden.

»Tudelaukeben«, sagt Trudel.

Trudel bekommt ein Pflaster um den Zeigefinger gewickelt, obwohl sie **gar nichts** hat.

Als Frau Klinkenbusch fort ist, liegt Mama im Bett und jammert. Sie hat es nämlich nicht geschafft, einkaufen zu gehen, und jetzt sind die Geschäfte geschlossen. Sie haben also nichts zum Essen im Haus.

»Ich kann ja nichts essen«, flüstert Mama. »Aber was ist mit den Kindern?«

Millie hat jetzt schon Hunger. Trudel braucht nicht zu hungern, fällt Millie ein. Für Trudel gibt es Grießbrei und Apfelbrei und Karottenbrei mit Fleischpüree im Gläschen. Davon hat Mama immer einen Vorrat im Schrank. Das kann man jedoch nicht essen, wenn man schon groß ist.

Aber Papa kann kochen! Kein Sonntagsessen. Nur Linsensuppe aus der Dose.

Während Papa die Linsen mit Würstchen warm macht, versucht Millie die kranke Mama zu trösten.

»Du bist bestimmt morgen wieder gesund«, sagt sie. »Oder schon heute Abend. Oder gleich, Mama.«

»Ist schon gut, Millie«, sagt Mama.

»Soll ich dir was holen?«, fragt Millie.

110

»Nein. Ist schon gut, Millie.«

»Brauchst du was, Mama?«

»Nein, Millie«, sagt Mama. »Ist schon gut.«

»Soll ich dir eine Geschichte erzählen?«

»Nein, mein Schätzchen.«

»Ich erzähl dir mal eine Geschichte«, sagt Millie. »Es waren einmal drei alte Damen ...«

Hört Mama eigentlich zu?

Mama sagt nichts. Mama hört zu.

Da holt Papa Millie in die Küche, weil das Essen fertig ist. Ach, wie sieht die Linsensuppe denn aus! Die Würstchen sind geplatzt. Sie liegen auf dem Teller wie ein paar geöffnete Lippen und lachen Millie an.

Millie isst alles auf, die Linsen und die kaputten Würstchen. Ein paar Möhren sind auch in der Suppe.

Millie isst nur, weil sie sonst verhungern würde, und nicht, weil es schmeckt, denn Linsensuppe kann nie gut schmecken. Schon gar nicht, wenn Mama krank ist.

Sie vermisst es auch sehr, Mama anfassen zu können. Millie darf sich ja nicht anstecken. Dann hätte Papa niemanden, der auf Trudel aufpassen kann. Er müsste selber den ganzen Tag auf die Schwester aufpassen. Und Linsensuppe kochen. Und Mama trösten. Und die kranke Millie. Das wäre einfach zu viel auf einmal.

In Papas Schublade ist ein Metermaß. Ein Zollstock.

Darf Millie den haben?

»Wenn du ihn nicht kaputtmachst«, sagt Papa.

Millie klappt den Zollstock auseinander, bis sie damit an Mama heranreicht.

Mama fasst das Metermaß an einem Ende an und Millie am anderen Ende.

»Jetzt kannst du mir was schicken«, sagt Millie.

»Viele Grüße«, flüstert Mama und versucht zu lächeln.

Millie muss sich sehr anstrengen um den **traurigen Kloß** in ihrem Hals schnell runterzuschlucken.

Es ist Mist, wenn Mama krank ist.

Aber dann hat sie eine Idee. Es ist nämlich doch kein Mist, dass Mama krank ist.

»Ich kann Mama morgen pflegen«, sagt Millie. »Papa, du brauchst nicht zu Hause zu bleiben.«

»Das ist lieb, Millie«, sagt Papa. »Aber es muss doch noch jemand auf Trudel aufpassen.«

»Frau Morgenroth?«, schlägt Millie vor.

»Aber du musst doch zur Schule«, sagt Papa.

»Muss ich nicht«, sagt Millie.

»Wieso nicht?«, fragt Papa.

»Feiertag«, sagt Millie und zeigt Papa gleich noch ihre verpflasterte Hand. Doppelt hält besser.

Papa ist skeptisch. »Was für'n Feiertag?«, fragt er.

»Schulfeiertag«, sagt Millie.

»Aha«, sagt Papa.

Prima, dass Papa sich nicht so gut auskennt mit der Schule. Vielleicht sollte Millie ihm auch noch das doofe Heft vorlegen, dieses Mutti-, dieses Vati-Heft. Papa würde bestimmt alles blind unterschreiben.

Feiertag

Mama geht es am nächsten Tag schon etwas besser. Papa kann ruhig ins Büro fahren, denn Millie wird auf Mama und Trudel aufpassen. Millie hat ja Feiertag.

»Willst du frühstücken, Mama?«, fragt Millie.

»Später, Millie«, sagt Mama. »Ich kann mir das Frühstück aber auch selber machen. Es geht mir schon viel besser.«

»Nein, nein«, sagt Millie. Sie will heute besonders **lieb** sein. »Ich tu alles, was du willst, Mamilein. Ich schmiere dir auch ein Butterbrot.«

»Das ist lieb, Millie«, sagt Mama.

Millie strahlt. Sie hat auch schon Trudel die Schnute und die Pfoten gewaschen. Und bestimmt kommt später noch Frau Morgenroth vorbei. Die kann sich dann um Trudel kümmern.

»Wieso bist du nicht in der Schule?«, fragt Mama plötzlich.

Mama sollte sich besser nicht solche Gedanken machen. Mama ist doch krank.

»Feiertag«, sagt Millie.

»Feiertag?«, fragt Mama und richtet sich im Bett auf.

»Ja«, sagt Millie schnell. Mama darf sich nicht aufregen.

»Nur die Lehrer müssen heute in die Schule. Die Kinder haben Feiertag.«

»Davon wusste ich ja gar nichts«, sagt Mama.

»Hab ich Papa gesagt«, meint Millie.

»Haben die Lehrer denn heute eine Konferenz?«, fragt Mama.

»Ja, ja«, sagt Millie. »Steht auch im Mutti-Heft.«

Lügen tut ein bisschen weh. Aber was soll Millie denn machen?

»Ach so«, sagt Mama und lässt sich auf ihr Kissen zurückfallen.

Millie schnappt sich Trudel um ihr vorzulesen. Das hat Mama besonders gern. Dabei tut Millie nur so, als ob sie lesen würde. Sie denkt sich zu den Bildern, die Trudel anschaut, Geschichten aus.

Trudel und Millie sitzen auf dem Sofa. Das Buch haben sie genau in die Mitte gelegt. Eine Hälfte liegt über Millies Beinen und die andere Hälfte deckt Trudel zu.

Aber was ist das denn?

Millie merkt, dass sie schon fast richtig lesen kann. Fast! Einige Wörter kann sie hinten lesen und von manchen das Vorderteil. Und AUTO kann sie schon ganz lesen und ESEL und ENTE und HASE.

Was sie nicht lesen kann, muss Trudel sagen.

»Was ist das hier?«, fragt Millie und zeigt mit dem Finger auf ein paar graue Mäuse.

»Niefert«, sagt Trudel.

»O nein!«, ruft Millie. »Das ist doch kein Nilpferd, Trudel, das sind Mäuse!«

Trudel schaut Millie ungläubig an.

»Und was ist das hier, Trudel?« Jetzt liegt der Zeigefinger auf den blauen Bergen hinter einer kleinen Stadt.

»Federmaus«, sagt Trudel.

»Nein!«, schreit Millie. »Das sind doch Berge, Trudel! Mensch, bist du blöd!«

»Tudelnichböd«, jammert Trudel.

»Trudel ist doch blöd«, sagt Millie. »Das Buch ist auch blöd. Soll ich dir mal eine Geschichte erzählen?«

»Ja«, sagt Trudel und setzt sich weiter weg von Millie in die Sofaecke, damit sie Millie auch gut angucken kann.

»Es waren einmal drei alte Damen«, beginnt Millie. Mit ihrer Geschichte gelangt sie immer nur bis zu dem Punkt, wo das Krokodil im Blumenbeet liegt. Die alten Damen binden gerade noch das Portmonee an die Schnur und dann ist die Geschichte aus. Schade, dass Millie nicht weiß, wie die Sache weitergeht. Sie kann natürlich einen alten Mann erfinden, der sich bückt und die Geldbörse aufheben will. Sie kann das schöne, grüne, flache Krokodil zuschnappen las-

116

sen. Aber ob das in der wahren Geschichte, die Frau Heimchen erzählt, auch so passiert? Vielleicht schläft das Krokodil auch einfach ein. Wahrscheinlich wird Millie es nie erfahren. Ein bisschen traurig ist das schon.

Mama ist kurz mal aufgestanden. Sie ist wohl noch ein bisschen wackelig auf den Beinen. Millie weiß, wie sich das anfühlt. Wenn man krank ist, hat man das Gefühl, als ob man auf einen Bären tritt. Es ist so weich und nachgiebig. Na, wenn es schon nicht ein Bär ist, dann ist es mindestens ein Bärenfell. Mama hangelt sich von Stuhl zu Stuhl und von Tisch zu Tisch. Sie lächelt gequält. »Diese dumme Krankheit«, sagt sie. »Das ist bestimmt wegen der Sommerhitze. Deshalb habe ich so viele Viren im Bauch.«

»Viren?«, fragt Millie.

»So kleine Viecher«, erklärt Mama. »Die vermehren sich jetzt in meinem Magen mit Vergnügen und wissen gar nicht, dass sie mich so schlapp gemacht haben. Sie hätten sich ja auch jemand anderes aussuchen können, aber sie meinen wohl, meine Magenwände sind das Ende der Welt.«

Mama ist im Badezimmer verschwunden und Millie denkt, dass es so wie bei den Viren auch mit den Menschen sein könnte. Sie sitzen alle im Bauch vom lieben Gott und denken, es wäre das Weltall. Dabei geht es draußen noch viel, viel weiter.

Mama schleppt sich zurück ins Bett. »Morgen wird es schon besser gehen«, sagt sie. »Mach dir keine Sorgen, Millie.«

Millie macht sich keine Sorgen. Oder besser gesagt: Sie hat ganz andere Sorgen.

»Morgen kannst du wieder zur Schule gehen«, fährt Mama fort.

»Morgen ist Feiertag«, sagt Millie.

»Millie!«, ruft Mama. »Das kann doch gar nicht sein!«

Millie gibt lieber schnell nach, bevor Mama noch weiterfragt.

»Ich hab nur Spaß gemacht«, sagt sie.

Sie muss sich was anderes ausdenken. Sie könnte morgen den ganzen Vormittag im Kindergarten verbringen. Weil Feiertag ist. Und übermorgen wird sie zu Frau Morgenroth gehen. Weil Feiertag ist.

Und danach? Was soll sie dann machen?

Vielleicht wird der Uhu inzwischen verschwunden sein. Es gibt doch so viel Platz im Bauch vom lieben Gott.

Millie atmet tief ein und aus.

Was sollen Millie und Trudel jetzt machen?

Mama pennt.

Und Frau Morgenroth ist auch noch nicht da.

»Wollen wir Friseur spielen, Trudel?«, fragt Millie. »O ja. Ich werde dich mal kämmen. Wir spielen Friseur.«

Trudel muss sich in Millies Zimmer auf den kleinen Korb-
stuhl setzen.

Millie holt alles, was man zum Friseurspielen braucht.
Kamm und Bürste und Haarspray. Und die **Schere**.
Nein, Millie will der Schwester nicht die Haare schneiden.
Das würde sie nie tun. Aber die Schere gehört mit zum
Spiel. Man muss so tun, als ob. Denn ein Friseur hat eine
Schere. Und noch viele andere schöne Sachen. Föhn und
Lockenwickler und Haarspangen. Die roten mit den Trod-
delchen dran sind aber zu schade für Trudel. Das sind näm-
lich Millies **Lieblingsspangen**.

Trudel lässt sich das Kämmen gern gefallen. Sie schließt sogar die Augen.

Die Zöpfchen, die Millie der Schwester flicht, halten leider
nicht. Sie gehen auf. Trudels Haar ist zu dünn und zu
fisselig.

Millie wird ihr eine Tolle kämmen.
Für eine Tolle braucht man nur die Haare mitten auf dem
Kopf um einen Kamm zu wickeln.

Trudel sieht doof damit aus.

»Was hast du aber auch für ein blödes Gesicht«, sagt Millie.
Das kann sie ruhig sagen. Mama und Papa hören es ja nicht.
Millie versucht den Kamm aus Trudels Haaren zu lösen.
Das ist vielleicht schwer!

Die Haare wollen den Kamm nicht loslassen und verheddern sich. Da findet ja kein Mensch mehr durch. Die Tolle sieht jetzt aus wie das Kuddelmuddel von Millies Topflappen.

Millie zieht an Trudels Haaren.

Trudel fängt an zu jammern.

»Schschsch«, sagt Millie. Das würde ihr noch fehlen, dass die Schwester jetzt losbrüllt. Wo Mama krank ist.

Es bleibt Millie gar nichts anderes übrig, als der Schwester ein paar Haare abzuschneiden. Nur die Tolle. Das mag Trudel wieder gern. Haare schneiden tut nicht weh.

Trudel sieht aber auch ohne Tolle blöd aus. Haare wie eine Scheuerbürste!

Vielleicht sollte sie der Schwester mal die Haare waschen. Gewaschene Haare sind nämlich ganz weich und stehen nicht so ab wie die Borsten auf einem Schrubber.

Millie schleppt Trudel ins Badezimmer. Unterwegs singt sie ein Lied. Damit Mama weiß, dass noch alles in Ordnung ist.

»Ein Vogel wollte Hochzeit machen …«

Nee, lieber singt sie ein anderes Lied. Bei der Vogelhochzeit fällt ihr nur der Uhu ein.

Trudel ist sehr klein. Sie reicht mit dem Kopf noch lange nicht bis übers Waschbecken. Mit ihren Pfoten kann sie sich gerade oben am Rand festhalten.

Millie holt einen Stuhl und Trudel kniet sich drauf. Ja, so wird es gehen.

Das Wasser, das aus dem Hahn läuft, spritzt nach allen Seiten. Trudels Sachen werden nass. Millie muss Trudel also ausziehen. Sie legt die Klamotten von der Schwester auf den Badewannenrand. Dann lässt sie viel warmes Wasser in das

Waschbecken laufen. Trudel soll ihren Kopf reinstecken.
Die Schwester klettert aber ganz ins Waschbecken und das
Wasser droht überzuschwappen.

»Plansch doch nicht so doll, Trudel! Der Fußboden wird
nass. Mama wird mit dir schimpfen.«

Es macht der Schwester sehr viel Spaß im Waschbecken zu
sitzen. Ein Waschbecken ist ja eine kleine Badewanne.
Millie seift Trudel ein.

Trudel seift Millie ein.

»Lass doch, Trudel! Dass du immer solche Dummheiten
machen musst!«

So. Jetzt ist die Schwester fertig. Frisch gewaschene Haare.
Und frisch gewaschene Ohren. Sauberer Popo.

»Komm mal raus, Trudel!«

Trudel kann aber nicht raus. Sie ist glitschig geworden wie
ein Fisch und saust Millie aus den Händen.

Trudel will auch gar nicht heraus. Sie patscht mit den Händen ins Wasser und spielt mit ihren Zehen.

Sie trinkt das Wasser.

Was soll Millie nur tun?

Papa anrufen? Komm sofort nach Hause, Papa!?

Erst mal lässt Millie das Wasser ablaufen. Sie greift unter
Trudels Popo und zieht den Stöpsel raus. Das hat die
Schwester gar nicht gern. Sie klebt Millie eine.

Millie guckt Trudel böse an. Macht kleine Augen und verzieht den Mund zu einem Strich.

Trudel soll sich bloß vorsehen!

Jetzt versucht Millie es noch einmal. Sie hebt Trudel hoch. Schöner Mist! Der Wasserhahn ist im Weg. Oder Trudel hat plötzlich fünf Arme und sechs Beine bekommen.

Oh. Plötzlich steht Mama in der Tür.

Sie kommt **wie gerufen**.

»Mama«, sagt Millie. »Du musst mal helfen.«

»Was ist denn hier los?«, fragt Mama und stöhnt einmal mächtig auf.

»Trudel«, sagt Millie und weist mit dem Kopf auf die Schwester, die immer noch im Waschbecken hockt.

»O Herrgott im Himmel«, sagt Mama.

Dann rettet Mama Trudel. Obwohl sie so krank ist.

Jedenfalls gibt es nur eine einzige
Schimpfe. Für die nackte Trudel,
für den nassen Fußboden, für
das Friseurspiel und Trudels Bürsten-Haarschnitt.

Trudel aber sieht jetzt eigentlich
ganz niedlich aus.

Mit leichtem Herzen

Trudel muss mittags schlafen und danach wird sie von Frau Morgenroth und King spazieren gefahren. Trudel und King, das sind zwei Fliegen mit einer Klappe, sagt Frau Morgenroth. Trudel bekommt frische Luft und King Auslauf, das heißt, er kann Gassi gehen.

»Hast du nicht noch was für die Schule zu tun?«, fragt Mama vom Schlafzimmer aus.

»Nein«, sagt Millie. »Darf ich auch raus?«

Sie könnte mit Gus und Wulle spielen. Überhaupt ist es jetzt das Beste zu verschwinden. Mama fragt so viel. Sie stellt **gefährliche** Fragen.

Da klingelt das Telefon.

»Das ist bestimmt Papa!«, ruft Millie und hopst zum Telefon.

»Hallo«, sagt Millie ganz fröhlich, als sie den Hörer abgenommen hat.

»Hallo«, sagt jemand. Jemand ist nicht Papa. Jemand ist Frau Heimchen. Millie erkennt das sofort, obwohl Frau Heimchens Telefonstimme etwas anders klingt als ihre Schulstimme.

»Millie?«, fragt Frau Heimchen. »Ist deine Mutter da?«

»Ja«, sagt Millie und denkt ganz, ganz schnell nach. »Aber sie ist krank«, fügt sie dann hinzu und legt einfach auf.

O Mann, hoffentlich ist das noch mal gut gegangen. Frau Heimchen wollte bestimmt petzen, dass Millie dauernd zu spät in den Unterricht kommt und die geheimen Botschaften im Mutti-Heft nicht unterschreiben lässt.

»Wer war das?«, ruft Mama.

»Hat sofort aufgelegt«, sagt Millie. »Bestimmt falsch verbunden.«

Ob Frau Heimchen sich noch mal traut? Hm, jetzt muss Millie doch zu Hause bleiben, damit Mama keinen falschen Anruf entgegennimmt. In ihrem Zimmer baut sie ein Umfall-Domino auf und lässt die Steine, gleich nachdem sie das letzte Klötzchen hingestellt hat, umklackern.

Umfall-Domino wird mit der Zeit **langweilig.** Schade, dass sie noch nicht besser lesen kann. AFFE und ESEL und AUTO reichen ja nicht hin und nicht her.

Ob sie jemals lesen lernt? Was ist, wenn der Uhu nicht einfach verschwindet, sondern Tag für Tag das Schultor bewacht? Was dann?

Schon wieder klingelt das Telefon.

»Ich geh schon!«, ruft Millie.

Aber Mama hat sich **klammheimlich** das Telefon näher ans Bett gezogen und schon abgenommen.

Millie bleibt im Türrahmen stehen.

Wer ist denn dran?

Frau Opelka ist dran. Millie ist ein bisschen erleichtert, aber dann wird ihr doch **mulmig** zumute, denn Frau Opelka ist ja längst nicht mehr für Millie zuständig und noch lange nicht für Trudel.

Mama sagt »aha« und »ach ja« und »na, so was«.

»Na, so was« hört sich gar nicht gut an. Es könnte mit Millie zu tun haben.

Millie macht sich klein und will sich verdrücken. Aber da ist Mama mit dem Telefonat fertig.

»Komm mal her zu mir, Millie«, sagt sie.

Millie schleicht heran.

Mama klopft mit der flachen Hand auf das Bettlaken und rutscht ein Stück zur Seite. »Setz dich mal her zu mir.«

Jetzt kommt alles raus, denkt Millie. Sie weiß nicht, wieso sie es weiß, aber genauso ist es dann.

Frau Heimchen hat sich Sorgen gemacht.

Na, wenn das mal stimmt!

Niemand in der Klasse hat gewusst, was mit Millie los ist. Auch Kucki nicht. Dann hat Frau Heimchen zu Hause bei Millie angerufen. Das war vorhin das Telefonat.

Millie wird, als Mama das erzählt, puterrot im Gesicht.

O du meine Güte, hat Frau Heimchen dann gedacht, was ist

denn bei Millie zu Hause los. Dort ist die Mutter krank und Millie muss sie wohl pflegen. Sie haben in der Schule für jeden eine Akte. Da steht drin: Name, Vorname und wann das Kind geboren ist. Und noch so was alles.

In Millies Akte steht, dass Millie eine kleine Schwester hat. Wird Millie also auch noch auf die kleine Schwester aufpassen müssen? Weil die Mama krank ist?

Frau Heimchen hat Frau Opelka gefragt. Dass Millie Frau Opelka kennt, muss auch in der Akte gestanden haben. Weil sie ja früher in den Kindergarten gegangen ist.

Frau Opelka hat der Lehrerin berichtet, dass Millie **putzmunter** gewesen ist, jedenfalls bis gestern. Und sie konnte schöne Geschichten erzählen. Die hat sie in der Schule gehört und deshalb wird sie auch gut aufgepasst haben. Und jetzt fehlt der Mama noch ein Stück von der ganzen Geschichte. Nicht von der Alte-Damen-Geschichte, sondern von der Millie-geht-nicht-in-die-Schule-Geschichte. Und diese Geschichte heißt: Der Uhu.

Millie sitzt mit heißen Ohren und brennenden Backen bei Mama auf dem Bett und beschreibt alles, was mit dem Uhu zu tun hat. Wie groß er ist, wie stark und wie gefährlich. Selbst »alter Affenschwanz« hat ihn nicht umgehauen. Und als Millie ihn in den Bauch boxte, hat er nur mit seinen großen dunklen Augen gelacht.

»Dann wird der Uhu ja eigentlich ein besonders hübscher Junge sein«, sagt Mama und Millie zuckt mit den Schultern. Und wenn schon! Kein Grund, Millie zu ärgern!

Mama ruft nun Frau Heimchen an. Der Uhu hat Schuld. Da Mama noch etwas krank ist (das war also nicht gelogen!), wird Millies Papa sich morgen drum kümmern. Er wird sich den Uhu **vorknöpfen**. Damit Millie endlich in aller Ruhe in die Schule spazieren kann.

Mama fragt auch nach den Schularbeiten. Was hat Millie denn alles verpasst?

Heute Nachmittag lernt Millie mit leichtem Herzen.

DER HIMMEL IST BLAU.

DIE ZITRONE IST GELB.

»Gibt es noch was, das dir auf dem Herzen liegt, Millie?«, fragt Mama.

Zuerst fällt Millie nichts ein. Aber dann! Und bevor sie noch den Mund öffnen kann, gehen die Schleusen auf. Sie heult los und die Sturzbäche kommen aus Augen und Nase.

Es ist ja alles so schlimm und so schwer gewesen. Der Schulweg, die fremden Kinder in der Klasse, der Uhu und die Mama ist auch noch krank.

Aber das Schlimmste ist, dass sie keine Topflappen häkeln kann!

»Oje«, sagt Mama. »Zeig mir doch mal deine Topflappen.«

Millie holt das arme Häufchen Baumwollgarn aus dem Ranzen. Es ist ein einziges **Wirrwarr**. Diese verklebten Knoten! Die fingerdicken Maschen! Man hätte ein Fischernetz daraus machen können.

»Schere!«, sagt Mama.

Millie holt die Schere. Mama macht schnippschnapp. Das schreckliche Gewurschtel darf Millie in den Abfalleimer werfen. Und dann fangen Mama und Millie noch einmal von vorne an.

Beim Häkeln muss man sieben Dinge auf einmal machen. Erstens: Faden über den Zeigefinger führen. Zweitens: Faden mit zwei Fingern auf die Handfläche drücken. Drittens: Luftschlange mit Daumen und Mittelfinger festhalten. Drei Dinge ganz allein mit einer Hand!

Die andere Hand ist auch nicht faul. Viertens: Häkelhaken schieben. Fünftens: Haken durch eine Masche stecken. Sechstens: Faden angeln. Siebtens: Häkelhaken ziehen und drehen.

Das alles ist schon bei der ersten Reihe zu beachten. Und wenn man bei der zweiten Reihe ist, wird es noch schlimmer. Was man beim Häkeln nicht machen darf: sich auf die Zunge beißen. Das ist gar nicht so einfach. Weil die Zunge nämlich immer die Bewegung des Häkelhakens nachmachen will, wenn man nicht aufpasst.

Ab Reihe drei geht es plötzlich besser. Der Faden versucht nicht mehr, aus Millies Fingern zu entwischen. Der Häkelhaken ist nicht mehr so groß wie ein Balken. Und der Topflappen wächst. Eine Hand kann sich an ihm festhalten.

Mama sagt: »Wir haben uns früher sogar Pantoffeln gehäkelt. Die schmiegten sich eng um die Füße. Und man konnte damit wunderbar durch die Wohnung schlittern.«

»Oh, ja«, ruft Millie. »Wenn der Topflappen fertig ist, dann häkel ich mir Pantoffeln.«

Millie ist jetzt nämlich schon bei Reihe sechs. »Oder ich häkel sogar Pantoffeln für dich, Mamilein, oder für Papi.«

»Das wäre aber fein, Millie«, sagt Mama.

Langsam tun Millie die Hände weh. Lange hält man Häkeln aber nicht aus! Auch wenn man es inzwischen schon prima kann.

»Vielleicht häkel ich doch lieber Pantoffeln für Trudel, Mami. Papi hat schon so alte und riesige Füße. Und deine sind auch ziemlich groß. Trudel hat kleinere Füße.«

»Das ist in Ordnung, Millie«, sagt Mama.

Oder Millie wird Pantoffeln für ihre Puppe häkeln, für Miss Mandarella oder für die doofe Lillabetta.

Vielleicht reicht ja auch schon einer?

Sahnebonbons

Papa geht am nächstenTag mit zur Schule. Na, hoffentlich
hat Millie sich das mit dem Uhu nicht nur ausgedacht!
Nein! Da ist er! Der Uhu. Er hat sich wieder mitten in die
Tür gestellt, sobald er Millie gesehen hat. Ist denn das zu
fassen!
Millie will gar nicht mehr weitergehen. Es verschlägt ihr
den Atem.
»Ist er das?«, fragt Papa.
Millie nickt.
»Ist aber ein hübscher Kerl«, sagt Papa.
Hach. Papa!
Der Uhu lässt die Schüler einen nach dem anderen durch.
Immer dieselbe Masche!
Der Uhu hat also viel zu tun. Seinen Arm bewegt er wie
eine Schranke. Er schaut die Kinder nicht an. Nur Millie.
Er wird sie nicht durchlassen!
Recht hat Millie. Sein Arm hat sich wie die Schranke vor
einem Parkhaus gesenkt. Der ganze Kerl versperrt den Weg.
Millie schaut sich nach Papa um.
»Na«, sagt Papa zum Uhu. »Lässt du uns nicht durch?«

»Doch«, sagt der Uhu, aber da Millie vor Papa steht und als Erste durch die Tür müsste, rührt er sich nicht.

»Und warum versperrst du den Kindern den Weg?«, will Papa wissen.

»Tu ich ja gar nicht«, sagt der Uhu.

»Aber du lässt Millie nicht durch.«

»Millie?«, fragt der Uhu.

»Ja«, sagt Papa. »Millie ist meine Tochter.« Er fasst Millie bei den Schultern, als führe er sie vor.

»Oh«, sagt der Uhu. Er fängt an rot zu werden. Es beginnt bei den Ohren und breitet sich über das ganze Gesicht aus.

»Hat Millie dir was getan?«, fragt Papa.

Der Uhu schüttelt den Kopf. Er gibt den Weg frei, aber Papa bleibt stehen und die anderen Schüler drängen sich durch.

»Kannst du Millie nicht leiden?«, fragt Papa.

Muss Papa solche **komischen** Fragen stellen?

Der Uhu blickt zu Boden, als ob er sich schämt. Sein Gesicht ist rot geblieben. Wenn Papa auch so in ihm rumbohrt!

»Hör mal«, sagt Papa. »Ich kann Millie nicht jeden Tag zur Schule bringen. Ich will nur, dass sie keine Angst mehr vor dir haben muss.«

Der Uhu sieht ganz erschrocken hoch.

»Du siehst doch aus wie ein netter Kerl«, sagt Papa. »Also versprich mir, dass du Millie in Zukunft in Ruhe lässt.«

Der Uhu nickt. Er sieht Millie kurz an. Aber sein Gesicht ist immer noch verlegen. Als ob er bei etwas Schlimmem erwischt worden wäre.

»Ich verlass mich auf dich«, sagt Papa und hält dem Uhu die Hand hin.

Auch das noch!

Der Uhu schlägt tatsächlich ein.

»Und wenn jemand auf dem Schulhof Millie ärgern will, dann könntest du ihr doch helfen.«

Der Uhu nickt heftig mit dem Kopf. »Klar«, sagt er. Dann scheint er ganz erleichtert zu sein und springt davon.

Millie ist auch froh, dass die Sache mit dem Uhu überstanden ist. Aber wieso hat sie das nicht alleine hinbekommen?

»Alles klar?«, will Papa von Millie wissen.

Millie nickt. Papa knallt ihr einen seiner Stempelküsse auf die Stirn. Papas Knallküsse machen einen stark.

In den letzten Tagen haben einige Kinder gefehlt. Frau Heimchen sagt, sie seien krank gewesen. Wegen der Viren? Die Kinder müssen sich vorne aufstellen, weil sie einzeln von Frau Heimchen begrüßt werden.

»Herzlich willkommen«, sagt Frau Heimchen. »Wir sind alle froh, dass ihr wieder gesund seid.«

Das mit dem Kranksein ist gelogen. Millie war nicht krank. Aber vielleicht ist lügen manchmal gesund.

Millie hat **vorsichtshalber** ihr Mutti-Heft mit nach vorne gebracht. Mama hat inzwischen alles gelesen und unterschrieben. Millie hat nichts mehr zu **verbergen.**

Frau Heimchen begrüßt zuerst die beiden anderen Schüler. Jeden einzelnen **mit Handschlag.** Und sie erklärt, was sie alles in den letzten Tagen gelernt haben: PAKET, MASERN, SUPPE und LIKÖR.

Na und?

5 plus 3 gleich 8.

3 plus 6 gleich 9.

Na und?

Kucki und Mario sind sogar mit ihren Topflappen fertig geworden. Sie häkeln schon den zweiten Lappen.

Na und?

Millie langweilt sich. Es kitzelt ihr in der Nase. Ist da ein Fussel drin? Oder vielleicht sogar ein Popel?

Millie muss **dringend** in der Nase pulen. Sie bekommt gar nicht mehr mit, was um sie herum vorgeht.

»Millie!«

»Millie!!!«

Huch. Millie war ganz woanders.

»Millie!«, sagt Frau Heimchen. »Eigentlich wollte ich dir ja zum Herzlich-Willkommen auch die Hand geben. Aber nun musst du dir erst einmal die Hände waschen. Und zwar draußen auf dem Schulhof. Neben der Eingangstür findest du einen Wasserhahn.«

Millie knallt das Mutti-Heft auf ihren Tisch. Dem Heft macht es nichts aus, dass sie es mit ihrem Nasebohrfinger angefasst hat. Frau Heimchen stellt sich vielleicht an!

Millie verlässt den Klassenraum mit hoch erhobenem Kopf. Sie läuft durch den langen Flur. Keine Menschenseele ist zu sehen.

Das Portal steht halb offen. Millie geht hinaus.

Ja, da ist der Wasserhahn. Er ist ziemlich weit unten am Schulhaus angebracht. In Kniehöhe. Der Wasserhahn leuchtet golden.

Der Hahn ist gar nicht aufzukriegen. Millie probiert es mit beiden Händen. Sie beugt sich tief runter.

Nichts zu machen.

Plötzlich ist eine Stimme hinter ihr. Millie fährt zusammen.

»Soll ich dir helfen?«, fragt die Stimme.

Millie schießt hoch.

Der Uhu!

Du meine Güte. Sie allein mit dem Uhu auf dem weiten Schulhof. Millie würde am liebsten im Boden versinken. Aber der Uhu hat sich sehr verändert. Was ist denn passiert? Nur weil Papa ihn einmal angemotzt hat?

Der Uhu versucht nun ebenfalls mit aller Macht, den Hahn

aufzudrehen. Aber auch er schafft es nicht, obwohl er
stöhnt und seine Knöchel an den Händen vor Anstrengung
ganz weiß werden.

Der Uhu zuckt mit den Schultern. Dann zieht er ein riesig
langes Sahnebonbon mit Kuh auf dem Einwickelpapier aus
der Hosentasche. »Willst du?«, fragt er.

»Nee«, sagt Millie. »Ich hab doch jetzt Unterricht.«

»Ich nicht«, sagt der Uhu. »Erst nächste Stunde.« Er wickelt
das Bonbon aus und bietet es noch einmal Millie an.

Millie schüttelt den Kopf. Sie weiß nichts mehr zu sagen.
Der Uhu wird doch nicht wegen Millie immer extra früh
zur Schule gehen? Das wäre doch verrückt.

Der Uhu schiebt sich das ausge-
wickelte Sahnebonbon in den
Mund. Seine Backe beult sich aus.
»Was machst du eigentlich hier?«,
fragt er.

Das wird Millie ihm auf keinen Fall
sagen. Sie stapft los und schafft es
ohne sich umzudrehen zurück ins
Schulhaus zu gehen. Sie hat vor
dem Uhu keine Angst mehr.

Der Flur ist schrecklich lang. Ihre Schritte tappen und knirschen auf dem glänzenden Fußboden.

Wenn Frau Heimchen Millie fragen sollte, ob sie sich die Hände gewaschen hat, dann wird sie lügen. Frau Heimchen ist ja auch **nicht ohne**. Vorhin hat sie auch nicht die Wahrheit gesagt. Und bohrt sie nie in der Nase?
Aber Frau Heimchen fragt nicht. Sie lässt die Kinder schon rechnen.
»9 minus 3?«, fragt sie.
Millie guckt sich ihre ungewaschenen Hände an und rechnet mit den Fingern.
»Millie?«, fragt Frau Heimchen.
»9 minus 3 gleich 6«, sagt Millie. Ob die Finger sauber oder dreckig sind: Solange man damit richtig rechnen kann, ist das doch egal.

Zum Glück gibt es in der Schule immer Pausen. In der Pause darf man quatschen, so viel man will.
Millie und Kucki gehen untergehakt über den Schulhof. Millie hat vielleicht viel zu erzählen! Wie sie und Trudel Friseur gespielt haben. Wie Millie beinahe für Papa Pantoffeln gehäkelt hat. Wie Papa mit dem Uhu fertig geworden ist.
Erzähl mal! Erzähl mal! Kucki will alles ganz genau wissen. Sie sehen gar nicht, was um sie herum passiert.
Gus und Wulle haben sich ihnen in den Weg gestellt. Gus

steht mehr im Weg als Wulle. Das haben sie extra gemacht. Wumm!

»Ihr Blödmänner!«, sagt Millie.

»Ihr doofen Ziegen!«, sagt Gus.

Da kommt der Uhu. Er baut sich vor Gus und Wulle auf. Wulle geht schon von selber zur Seite.

»Ist was?«, fragt der Uhu und wendet sich Millie zu. »Hat er dir was getan?« Er macht eine kurze Kopfbewegung hin zu Gus.

»Ist ja schon gut«, sagt Gus und hebt seine Hände hoch. Zu Millie sagt er: »Ausgerechnet von dem lässt du dir helfen! Der ist schon in der vierten Klasse!«

Und Wulle jammert: »Immer auf die Kleinen!« Dann laufen beide in einer großen Kurve um Millie herum.

Der Uhu fährt mit seiner Hand in die Hosentasche und bietet Millie **schon wieder** ein Sahnebonbon an. Millie bleibt gar nichts anderes übrig als es anzunehmen. Sonst hört der Uhu ja nie damit auf.

Endlich können Millie und Kucki weitergehen.

»Weißt du was?«, fragt Kucki.

»Was denn?«, sagt Millie.

»Der Uhu ist in dich verknallt«, sagt Kucki.

»Ach, du spinnst ja«, sagt Millie.

»Doch«, sagt Kucki. »Bestimmt. Ich kann das auch beweisen.«

»Ja?«, fragt Millie. »Wie denn?«

»Er hat ja nur dir ein Bonbon gegeben«, sagt Kucki. »Das tut man nur, wenn man in jemanden verknallt ist.«

»Du spinnst ja«, sagt Millie wieder. »Und was war bis gestern? Warum hat er mich so geärgert?«

»Weil er in dich verknallt ist«, sagt Kucki. »Jungen ärgern einen dann immer.«

»Woher willst du das wissen?«, fragt Millie.

»Das ist so«, sagt Kucki.

»Aber Gus ärgert mich auch immer«, meint Millie.

»Vielleicht ist er auch in dich verknallt.«

»Nee«, sagt Millie. »Bestimmt nicht.«

»Oder er ist ein Blödmann«, sagt Kucki.

So wird es sein. Millie seufzt einmal tief auf und verdreht die Augen. »Weißt du was?«, fragt sie.

»Was?«, sagt Kucki.

»Ich kann Jungs irgendwie nicht ausstehen«, sagt Millie. »Ich versteh sie nicht. Verstehst du Jungs?«

»Nee«, sagt Kucki und schaut auf das lange Sahnebonbon in Millies Hand. »Isst du das etwa nicht?«

»Ich weiß nicht«, sagt Millie. »Soll ich?«

»Halbe-halbe«, sagt Kucki, nimmt es und bricht es mittendurch.

Das ist in Ordnung so.

Ein Glückstag

Inzwischen kann Millie schon solche schweren Sätze schreiben wie PETER PUTZT SICH DIE ZÄHNE und DIE MUTTER SCHNEIDET DAS GEMÜSE.

Frau Heimchen hat sich an ihre Klasse gewöhnt. Sie kennt die Namen der Kinder bestimmt schon im Schlaf und sie weiß, was an jedem Kind besonders ist:

Kucki ist gut in Handarbeiten. Sie sollte Rechnen üben.

Daniel stört ständig den Unterricht.

Bille hat eine schöne Singstimme.

Millie ist eine große Schwätzerin. Aber sie kann gut lesen.

Frau Heimchen möchte wissen, was an der Schule besser oder schöner sein könnte. Sie sagt, auch Lehrer müssen lernen können.

Prima!

»Wir könnten Bilder an die Wände hängen«, sagt Kucki. Den Vorschlag findet Frau Heimchen gut. Die Kinder malen ihren Banknachbarn. Millie malt Kucki heute mit braunen, glatten Haaren, dicken Backen und Schweinsäugchen.

Kucki malt Millie mit einem Schwubbel auf dem Kopf, einem roten Haarband und viel zu großen Ohren. Millie ist

doch kein Elefant. Sie hat keine Segelohren!
Und wer malt Frau Heimchen?
Niemand ist für Frau Heimchen zuständig. Deshalb wird
ein Foto von der Lehrerin an die Wand gepappt.
»Wir könnten, bevor wir nach Hause gehen, immer die
Klasse aufräumen.« Das ist der Verbesserungsvorschlag von
Bille.

Millie findet alle Anregungen doof. Sie haben immer mit Arbeit zu tun. Aber dadurch wird es doch nicht **besser**. Endlich ist Millie an der Reihe einen Vorschlag zu machen. Sie hat sich was Tolles ausgedacht: einen Gutschein für einen freien Schultag.

»Samstag, Sonntag und in den Ferien gibt es doch schulfrei«, sagt Frau Heimchen.

»Und einen Tag extra«, sagt Millie. »Jeder kann sich seinen Lieblingstag aussuchen.«

»Das geht nicht, Millie«, sagt Frau Heimchen.

»Warum nicht?«, fragt Millie. »Sie brauchen es nur zu sagen.«

»Wenn ich es sage, nützt das wenig«, meint Frau Heimchen.

»Doch, doch, doch«, sagt Millie. »Wir gehorchen Ihnen ja.«

»Ach, Millie«, sagt Frau Heimchen mit so einem jammernden Unterton. »Das glaubst doch nur du.«

»Ich tu immer, was Sie sagen«, sagt Millie. »Also sagen Sie schon: Ihr bekommt einen freien Tag extra.«

»Ich habe keine Befugnis«, sagt Frau Heimchen.

»Was ist das?«, fragt Millie.

»Ich habe nichts zu sagen«, sagt Frau Heimchen. »Das habe ich doch schon gesagt.«

Sie sagt, sie sagt nicht, sie sagt doch, sie kann nichts sagen … Wer findet da noch durch?

»Und diese Befugnis …«, sagt Millie. »Wer hat denn hier was zu sagen? Meine Mama? Die kann dann meinen Lieblingstag ins Mutti-Heft schreiben. Oder die Rektorin? Hat die was zu sagen?«

»Die auch nicht«, sagt Frau Heimchen. »Vielleicht … der Herr Minister.«

»Dann schreiben wir eben alle einen Brief an den Minister«, schlägt Millie vor. »Er soll uns einen Gutschein schicken.«

»Fein«, sagt Frau Heimchen. »Der Vorschlag ist angenommen. Alle Kinder schreiben bis Montag als Hausaufgabe einen Brief an den Minister.«

»Poooh«, sagt Kucki. »Das ist vielleicht viel Arbeit!«

»Bedankt euch bei Millie«, sagt Frau Heimchen. »Die ist schließlich auf die Idee gekommen.«

»Du bist vielleicht doof, Millie«, sagen die Kinder. »Ja, ganz schön blöd.«

Millie zieht ihren Kopf ein. So hat sie sich das ja auch nicht vorgestellt.

Zum Briefschreiben haben sie aber ein paar Tage Zeit. Zwischendurch gibt es ja auch was anderes zu tun. Millie geht gern mit Mama einkaufen. In den Regalen stehen lauter Sachen, auf denen was **Interessantes** geschrieben steht:

Sahne-Joghurt: Lecker, mild und fruchtig

Mehr Schokolade, mehr Gutes, mehr Freude am Leben

Milchgebäck mit Schokotropfen,
Rosinchen und Karamell-Schlick-
Schlack
Riesiger Raspelriegel für pfundige
Feinschmecker

Und Millie liest wie der Teufel.
Nicht wie der Fehlerteufel. Der
ist nämlich mit der Zeit immer
kleiner geworden. Millie liest
wie ein richtiger Teufel, schnell
wie eine Feuerwerksrakete und fließend wie ein Wasserfall.
Nachdem sie im Lebensmittelladen eingekauft haben, machen sie heute einen Spaziergang durch die Stadt. Mama
möchte ein bisschen bummeln.
Millie fasst mit der Hand an Trudels Kinderkarre und lässt
sich mitziehen. Da kann man träumen und muss nicht aufpassen.
Mama läuft den ganzen Nachmittag mit ihnen durch die
Stadt. Trudel bekommt ein rotes Käppi und in einem Porzel-
lanladen, wo sie sich nicht rühren dürfen, kauft Mama noch
ein Kartoffelschälmesser.
Die Füße tun vielleicht weh!
Wenn man **den ganzen Tag** lang durch die Stadt läuft,
tun aber nicht nur die Füße weh. Man bekommt auch einen

schrecklich großen Hunger. Man muss Pommes mit Ketschup essen.

Millie hat auch einen Riesendurst.

Weil es draußen kalt ist, schmecken Pommes mit Ketschup am besten mit heißem Kakao. Mama weiß das. Sie bestellt zwei Becher davon und für sich einen mit Kaffee.

In dem Pommesladen gibt es eine Menge umsonst. Man kann sich so viele Servietten nehmen, wie man will. Mama bekommt auch so viel Zucker für den Kaffee, wie sie möchte. Und Millie und Trudel nehmen natürlich auch so viel Zucker für den Kakao, wie sie wollen.

Mama guckt zwar komisch, aber im Pommesladen ist sie immer anders als zu Hause. Hier ist Mama nämlich lieb.

Millie darf auch einen Schluck aus Mamas Becher probieren, obwohl eigentlich nur große Leute Kaffee trinken dürfen.

Kaffee ist baaahhh.

Millie und die Schwester bekommen von der Pommestante Fähnchen geschenkt. Jede eins! Sie dürfen auch zwei Fähnchen nehmen. Wenn sie wollte, könnte Millie bestimmt noch mehr bekommen. Drei, vier, fünf oder sieben. Heute sind alle Leute nett. Heute ist ihr Glückstag.

Millie isst eine große Portion Pommes und die Schwester eine kleine. Weil Trudel sich **fürchterlich** mit Ketschup beschmiert hat, soll Millie noch ein paar von den weißen Servietten holen. Das Loch im Tisch, in dem sonst ein Berg Servietten liegt, sieht aber aus wie ein leerer Mülleimer.

Millie muss betteln gehen. »Hast du noch weißes Papier für Ketschup?«, fragt sie die Pommestante. Die sieht lustig aus. Sie hat ein Hütchen auf dem Kopf, das eigentlich ein gefaltetes Papierboot ist.

Die Tante weiß genau, was Millie meint. Sie gibt ihr eine Hand voll Servietten. Und noch was. Ein Stück Pappe mit bunten Kästchen drauf.

Was ist denn das?

Mama guckt sich die Pappe an. »Das ist ein Gewinnspiel«, sagt sie.

»Gewinnspiel?«, fragt Millie. »Kann man da was gewinnen? Und was muss man machen?«

»Es ist ein Rätsel«, erklärt Mama. »In die bunten Kästchen muss man die Lösungsworte schreiben.«

Millie kann schon schreiben!

Was soll sie schreiben?

Millie liest: »Wasservogel.«

Ja, was ist ein Wasservogel?

»Überleg mal, Millie«, sagt Mama. »Ein Vogel, der auch schwimmen kann. Er muss vier Buchstaben haben, damit das Wort in die vier Kästchen passt.«

»Ente«, sagt Millie.

Ach, so geht das.

Sommerblume mit vier Buchstaben?

Rose!

Kleidungsstück mit vier Buchstaben?

Hose!

»Das ist ja pickepackeleicht«, sagt Millie. »Und was kann man gewinnen?«

»Man kann Bälle gewinnen und Gummimäuse und einen Kassettenrekorder«, sagt Mama.

»Für Kassetten?«, fragt Millie. »Für Geschichten zum Hören?«

Gus hat einen Kassettenrekorder, mit dem man Geschichten hören kann. Winnie Wonneproppen und so.

»Ja, man kann damit auch Geschichten hören«, sagt Mama.

»Ich glaube schon. Und selber was aufnehmen.«

»Ich will den Kassettenrekorder gewinnen«, sagt Millie und setzt sich ganz bequem hin.

»Den Kassettenrekorder gibt's nur einmal«, sagt Mama.

»Den will ich gewinnen«, sagt Millie.

»Den wollen alle gewinnen«, sagt Mama.

»Gus hat einen geschenkt bekommen«, sagt Millie.

Mama sagt nichts mehr. Sie zuckt nur mit den Schultern.

»Hast du einen Bleistift dabei?«, fragt Millie.

Mama hat immer alles dabei: Bleistift, Taschentücher, große Pflaster und kleine Bonbons.

Millie malt schöne, gut leserliche Buchstaben in die Kästchen. Von Frau Heimchen hätte sie dafür Sternchen, Sternchen, Sternchen bekommen. Dann gibt Millie die Rätselpappe bei der Tante mit dem Papierboothütchen ab.

»Möchtest du noch ein Fähnchen?«, fragt die Tante.

»Ich will den Kassettenrekorder«, sagt Millie. »Fähnchen hab ich schon.«

Draußen erzählt Mama Millie, dass sie bestimmt nichts gewinnen wird. Gar nichts. Nicht mal eine von den Gummimäusen.

Ach, Mama.

»Will ich auch gar nicht«, sagt Millie. »Ich will keine Maus. Ich will nur den Kassettenrekorder gewinnen.«

Auf dem Weg nach Hause kommen sie an der Musikschule vorbei. Millie soll unbedingt Flötenunterricht nehmen.

»Und später Klavier oder Gitarre lernen«, hat Mama gesagt. Klavier ist in Ordnung. Das muss man nicht immer mit sich rumschleppen wie eine Flöte oder die Gitarre.

Mama will Millie heute zur Flötengruppe anmelden.

»Ich geh aber nur rein, wenn Mädchen dabei sind«, sagt Millie.

»Was hast du gegen Jungs?«, fragt Mama.

»Lass mich bloß mit Jungs in Ruhe«, sagt Millie.

Oben in der Musikschule wird gepiepst und gedudelt.

Sie gehen die Treppe hoch und sie kommen nur langsam voran, weil Trudel sich nicht auf den Arm nehmen lässt. Sie muss unbedingt **selber laufen**. Sie denkt, dass Treppensteigen schon was ganz Tolles ist!

Millie geht noch langsamer als Trudel.

Mama sagt: »Millie, da sind bestimmt nur Mädchen drin. Ich kann mir nicht vorstellen, dass Jungs Flöte spielen. Also, mach dir keine Sorgen.«

Wenn Mama das so sagt!

Nun sind sie oben angelangt. Hohe Flötentöne hören sich so an, als ob ein Schwein geschlachtet wird!

Mama öffnet die Tür zum Quietschraum.

Und was sehen sie da?

Vorne steht eine Flötenlehrerin, na klar, aber sonst sitzen dort bloß Jungs rum und nur ein einziges Mädchen, das Millie **auf Anhieb** nicht ausstehen kann.

Mama schaut Millie an und weiß gleich, dass Millie da nicht mitmacht, nee, da ist nichts zu machen.

Die Lehrerin fragt Millie: »Na, möchtest du auch Flöte mit uns spielen?«

Und Millie schüttelt den Kopf und sagt: »Nein, danke. Ich spiel später Klavier.«

Lieber Herr Minister

Draußen, an der Mauer zum Eingang des Schulhofes, wo es rechts zum Kindergarten geht, hat sich ein Fotograf breit gemacht. Er hat ein weißes Bettlaken über die Mauer geworfen und Efeuranken aus **Plastik** drübergehängt. Es sieht toll aus.

Der Fotograf hat einen Hocker vor die weiße Wand gestellt. Wer will, darf sich knipsen lassen.

Alle wollen sich knipsen lassen.

Der Fotograf wird es sicherlich nicht schaffen, die ganze Meute bis zum Klingeln zu knipsen. Aber Millie möchte trotzdem fotografiert werden. Es ist fünf vor acht. Sie trampelt von einem Fuß auf den anderen. Kann der Fotograf nicht schneller machen?

Noch zwei Kinder sind vor Millie dran. Noch eins.

Da schellt es. Acht Uhr. **Allerhöchste Eisenbahn.**

Endlich kommt Millie an die Reihe. Sie nimmt auf dem Hocker Platz und setzt ihr schönstes Lächeln auf.

Klick. Klack.

Nun braucht der Fotograf noch ihre Adresse. Auch das dauert.

Es ist ungefähr zehn Minuten nach acht, als Millie die Klasse betritt. Andere Kinder sind auch zu spät gekommen und Daniel stapft sogar erst dreizehn Minuten nach acht in den Klassenraum. Frau Heimchen hat sich alles **auf die Minute genau** gemerkt. Sie stemmt die Arme in die Hüften.

Frau Heimchen macht nicht viel **Federlesens.** Alle, die zu spät gekommen sind, werden heute Mittag zehn Minuten nachsitzen. Und einen Eintrag ins Mutti-Heft gibt es auch. Die Kinder, die es erwischt hat, prusten vor Lachen. Es ist nicht so schlimm nachzusitzen, wenn es so viele getroffen hat. Es ist fast eine Auszeichnung, dabei zu sein.

Und nun müssen die Kinder ihre Briefe an den Herrn Minister vorlesen.

Einige lesen gern vor.

Millie glüht direkt vorlesen zu dürfen, aber noch ist sie nicht dran.

Was da aber auch alles in den Briefen steht!

Bau uns bitte ein Schwimmbad in die Schule.

Lieber Minister, schick uns nur schöne Lehrerinnen mit langen Haaren.

Da guckt Frau Heimchen aber blöd! Alle Kinder versichern ihr, dass sie schön genug ist. Aber ihre Haare sollte sie noch ein Stückchen wachsen lassen. Bis zum Hintern.

Was schlagen die Kinder noch vor?

Wir hätten gerne Gardinen vor den Fenstern.

Lieber Herr Minister, kauf uns doch bitte einen Fernsehapparat.

Wir wollen den Kinderkanal gucken.

Endlich kommt Millie an die Reihe. Sie weiß, dass man zu
dem Herrn Minister nicht *du* sagt. Nicht mal zu Frau
Heimchen sagt man *du*.

Lieber Herr Minister, schreibt Millie.

*Ich hatte nie gedacht, dass Schule so ist. Ich hatte gedacht, dass
Schule anders ist. Ich hatte gedacht, nur lernen, lernen, lernen.
Aber manchmal ist auch Spaß dabei. Unsere Lehrerin ist oke. Sie
kennen sie. Frau Heimchen. Wir können schon lesen und schreiben und rechnen. Topflappen häkeln. Wir sind fleißig. Das glauben
Sie doch. Zur Belohnung: ein Gutschein für einen freien Tag. Sie
sind der Boss.*

*Ich heiße Millie und bin schon fast sieben Jahre alt. Mein Hund
heißt King und meine Schwester Trudel. King ist aber nicht richtig mein Hund.*

Wie geht es dir? Mir geht es gut. Schreiben Sie zurück.

Viele Grüße und Küsse, Millie

*** dran denken: 1 freier Tag.

Alle finden Millies Brief gut. Nichts dran auszusetzen.

Frau Heimchen hat einen großen Umschlag mitgebracht. In
den packen sie die Briefe. Vorne steht drauf: An Herrn Kul-

tusminister. Kultus, erklärt Frau Heimchen, kommt von
Kultur und Kultur ist schwierig zu erklären: wie man mit-
einander umgeht, dass man Manieren hat, dass man die Geschichten von Opa und Oma nicht vergisst, dass man einen
guten Eindruck macht, auch durch Bildermalen und Ge-
schichtenschreiben und indem man in die Schule geht.
Nun hoffen alle, dass der Minister antwortet.
Aber auch wenn er nicht antwortet, weiß er wenigstens, was
die Schüler denken.
Endlich haben sie Pause.
Kucki hat ein elastisches Band mitgebracht fürs Gummi-
Hüpfen. Fürs Gummi-Hüpfen muss man mindestens zu
dritt sein. Zwei halten das Gummi mit den Beinen und einer
springt. Heute sind sie viele. Alle kommen abwechselnd
dran und weil man zwischendurch warten muss, hat man
Zeit sein Butterbrot zu essen.
Gerade als Millie ihren letzten Happen hinuntergeschluckt
hat und sich zum Hüpfen bereitmacht, kommt der Uhu an-
geschlichen.
Millie verdreht die Augen.
Kucki verdreht ihre Augen.
Der Uhu will was von Millie. Er will immer nur was von
Millie.
Der Uhu nervt.

»Gib mir mal einen Kuss«, fordert er.

»Du hast sie doch nicht alle«, sagt Millie.

Die Kinder hören auf über das Gummiseil zu hüpfen und stellen sich um Millie und den Uhu herum.

Der Uhu grinst und lacht gleichzeitig. Komisch, wie er das schafft. Mit dem Mund grinst er und mit den Augen lacht er.

»Gib mir mal einen Kuss«, sagt er schon wieder.

»Warum denn?«, fragt Millie.

»Weil ich heute Geburtstag hab«, sagt der Uhu.

»Na und?«, sagt Millie.

»Dann bekomm ich ein Geschenk von dir«, sagt der Uhu.

»Du spinnst doch«, sagt Millie.

»Einen Kuss!«, sagt der Uhu und hält Millie die Backe hin.

Inzwischen haben sich sogar die größeren Kinder um Millie und den Uhu gedrängt. Einige johlen. Das ist Millie vielleicht peinlich!

Gus und Wulle kriegen natürlich auch alles mit.

Gus ruft: »Millie hat einen Freund.«

»Hör auf!«, schreit Millie. »Ich hab nur eine Freundin!«

Gus hört nicht auf herumzubrüllen. »Millie hat einen Freund. Sie küssen sich sogar.«

»Gar nicht wahr!«, schreit Millie. »Hör bloß auf, du alter Blödmann!«

»Millie hat einen Freuheund, Millie hat einen Freuheund«,
singt Gus.

»Gar nicht!« Millie brüllt sich fast die Lunge aus dem Leib.
»Nicht mal du bist mein Freund, wenn du so doof bist.«
Der Uhu lässt auch nicht locker. »Ich will ja nur einen Kuss
zum Geburtstag«, sagt er zu Millie. »Ich will gar nicht dein
Freund sein.«

»Wie alt bist du denn geworden?«, fragt Millie.

»Neun«, sagt der Uhu.

»Du bist viel zu alt für mich«, sagt Millie. »Dann könnte ich
ja gleich einen Opa küssen.«

Die Kinder lachen den Uhu aus und schon ist die Pause zu
Ende. Gerade noch mal gut gegangen!

Das Nachsitzen mittags ist gar nicht so schlimm. Frau
Heimchen liest ein Gedicht vor und sie lernen es schnell
auswendig.

Huhn und Hahn und 13 Gänse
fahren einmal Karussell.
Huhn sitzt auf dem Schaukelpferdchen
und dem Hahn geht's viel zu schnell.

Eine Gans macht Purzelbäume
mitten in der Feuerwehr.

Mit dem Fuß schlägt sie die Glocke.
Mit dem Schnabel freut sie's sehr.

Gänschen Nummer acht und neune
fahren Tandem, das nur kreist.
Sind im Kopf so durcheinander,
dass die Gans nicht Gans mehr heißt.

Huhn und Hahn und 13 Gänse
auf dem Rummel in der Nacht
schaukeln sie und schwingen, kreisen.
Leider ist's nur ausgedacht.

Fertig. Jetzt können sie das Gedicht. Nachsitzen hat Spaß gemacht. Dürfen sie jetzt nach Hause? Zehn Minuten sind doch längst um!
Es regnet. Die Sonnenkäfer haben sich auf die Unterseite der Rosenblätter verzogen. Oder sind sie schon ausgestorben? Wie die Dinosaurier? Vielleicht … weil es Winter wird?
Millie läuft langsam nach Hause. Es ist sehr **interessant** zu sehen, wie man nass wird, und zu fühlen, wie die Bächlein an einem runterrollen und die Ponyfransen und der Schwubbel am Hinterkopf kleben bleiben.

Mama hat schon auf Millie gewartet. »Wo kommst du denn jetzt erst her? Du bist ja ganz nass? Ich habe mir schon Sorgen gemacht! Und das Essen ist inzwischen auch kalt geworden!«

Ist doch nicht so schlimm, Mama.

Millie wird erst mal von Mama und Trudel mit einem trockenen Handtuch tüchtig abgerubbelt, damit sie sich nicht erkältet.

Und dann muss Millie erzählen. Vom Fotografen, von dem Brief an den Herrn Minister und von Huhn und Hahn und 13 Gänsen. Vom Kuss für den Uhu erzählt sie nichts. Sie hat ihn ja auch nicht geküsst. Und das war sowieso **privat**.

»Ein Paket ist übrigens für dich gekommen«, sagt Mama.

»Oh«, sagt Millie. »Das ist bestimmt mein Kassettenrekorder.«

»Aber, Millie«, sagt Mama. »Mach dir doch nichts vor. Es wird wer weiß was sein.«

»Nein, nein, nein«, sagt Millie. »Es ist mein Rekorder. Ich wollte doch gewinnen.«

Sie will gleich ins Wohnzimmer stürmen und das Paket öffnen.

»Erst wird gegessen«, sagt Mama.

»Erst wird das Paket aufgemacht«, sagt Millie.

»Erst wird gegessen!«, sagt Mama.

Mama kann ja auch mal gewinnen. Also wird zuerst gegessen.

Die Erbsensuppe, die Mama warm gemacht hat, blubbert noch vor Hitze wie ein Vulkan. Millie pustet. Sie bläst extra stark auf den Löffel, damit es spritzt. Trudel und sie müssen lachen und Mama ärgert sich. Es macht Spaß Mama zu ärgern.

Endlich können sie das Paket aufmachen.

Was hat Millie gesagt?

Ein Kassettenrekorder!

Sie hat aber keine Kassetten. Noch nicht! Sie wird sich erst mal welche von Gus ausleihen müssen. Winnie Wonneproppen. Und Frau Morgenroth kann ihr welche zu Weihnachten schenken und zum Geburtstag. Und sie kann Trudel Kassetten schenken. Zu Weihnachten und zum Geburtstag. Und mit einem Rekorder kann man auch selber aufnehmen. Man kann Geschichten erzählen. Von drei alten Damen und einem schönen, grünen, flachen Krokodil zum Beispiel.

Abends, als Papa da ist, staunt er nicht schlecht.

»Millie ist ein Glückskind«, sagt er.

Genau. Hat Millie doch gewusst.

Nun klingelt es an der Haustür.

Wer ist denn das?

Der Fotograf.

Ach, du meine Güte. Erst macht Mama ein Theater und dann macht Papa ein Theater. Der arme Fotograf weiß gar nicht, **wo ihm der Kopf steht.**

Mama und Papa schimpfen ihn aus, weil er die Kinder vom Unterricht abgehalten hat. Deshalb musste Millie nachsitzen und Mama hat sich furchtbare Sorgen gemacht. Es ist komisch, wenn Erwachsene ausgeschimpft werden. Aber es ist gut zu wissen, dass Erwachsene auch was falsch machen können.

»Entschuldigung«, sagt der Fotograf.

Vielleicht, fällt Millie ein, wird sogar der Herr Minister an die Klasse schreiben und sich entschuldigen, dass er bisher noch nicht an die Gardinen vor den Fenstern und den Extra-feiertag gedacht hat.

Nun rückt der Fotograf die Fotos raus. Er hat von dem Bild, auf dem Millie und der Efeu vor der weißen Wand zu sehen sind, einen Berg Abzüge mitgebracht. Mama und Papa müssen nur **viel Geld** bezahlen.

Die Fotos sind toll. Sie werden an alle Leute verschenkt, die Millie kennt, Omi und Opi, Tante Gertrud, Trudel und Frau Morgenroth.

Also ist das mit dem Foto doch eine gute Idee gewesen.

»Mach so was aber nicht noch mal, Millie«, sagt Papa. »Du musst uns fragen, bevor du dich auf so was einlässt.«

Ist schon klar. Aber wie hätte Millie das denn heute hinkriegen sollen? Wäre sie erst heimgelaufen und dann zurück zum Fotografen, hätte sie noch länger nachsitzen müssen.

Mama schaut sich das Foto von Millie lange an.

»Du bist so schrecklich groß geworden«, sagt Mama.

Was ist denn so schrecklich daran?

»Und obwohl sie lacht, liegt etwas Ernstes in den Augen«, sagt Papa. »Ja, man kann richtig sehen, dass die Schule die Kinder verändert. Die müssen jetzt einfach mehr aushalten. Sie lernen in der Schule für das Leben.«

Wenn Millie jetzt wirklich richtig groß ist und was aushalten muss, dann darf sie doch bestimmt auch Sachen machen, die eigentlich nur Große können.

Am Samstag schaut Millie in die Zeitung. Sie kann nämlich schon ein bisschen Zeitung lesen. Besonders die Witzseite. Heute aber guckt sie sich auch den Kinoteil mit den vielen Bildern an. Nur so.

Papa döst ein wenig vor sich hin. Er hat gerade im Garten die vergammelten Blätter auf einen Haufen gefegt. Mama liest auch Zeitung, aber nicht den Kinoteil.

»Oh«, sagt Millie und ist ganz aufgeregt. »Im Kino gibt es wieder *Bambi*.«

»Da warst du doch schon drin«, sagt Mama. »Mehrmals sogar, glaube ich.«

»Nur zweimal«, sagt Millie. »Aber *Bambi* ist so schön. Da will ich noch mal rein.«

»Kommt gar nicht in Frage«, brummt Papa mit geschlossenen Augen. »Wenn du den Film schon zweimal gesehen hast, dann reicht das ja wohl.«

»Aber ich weiß gar nicht, wie es ausgeht«, heult Millie. Heulen hilft manchmal. Für alles. Auch wenn man schon groß ist.

»Ich kann nichts dafür, dass du so ein schlechtes Gedächtnis hast«, sagt Papa.

»Ich hab den Film aber gar nicht zu Ende gesehen«, schluchzt Millie nun. »Mama ist immer vorher mit mir aus dem Kino gegangen.«

»Wieso denn das?«, fragt Papa und richtet sich halb auf.

»Ach ja«, sagt Mama. »Ich weiß schon, wie das war. *Bambi* ist doch so traurig und Millie hat es einfach nicht bis zum Schluss ausgehalten. Sie hat so geweint, dass ich eher mit ihr rausgehen musste.«

»Aber jetzt halte ich es aus«, sagt Millie. »Bestimmt, ganz bestimmt.«

»Es ist doch nur rausgeschmissenes Geld«, sagt Papa und Mama fragt: »Woher willst du denn wissen, dass du es aushältst, Millie?«

»Weil ich jetzt schon groß bin«, sagt Millie.

Mama seufzt.

»Bitte, Mama, bitte«, sagt Millie und holt ein paar extra laute Schluchzer aus dem Bauch nach oben.

Es hilft wirklich!

»Na gut«, sagt Mama und schaut auf die Uhr. »Wenn wir uns beeilen, dann schaffen wir es vielleicht noch bis zum Anfang.«

Und wie sie sich beeilen!

Noch nie hat Millie ihre Schuhbänder so schnell zu Schleifen gebunden.

Papa muss auf Trudel aufpassen und Millie hüpft an Mamas Hand den Gehweg hinunter und um zwei, drei Straßenecken herum.

Brrr, ist das kalt draußen. Deswegen wollen alle Leute in das warme Kino. Alle wollen *Bambi* sehen.

Mama und Millie haben Glück, dass sie überhaupt noch einen Platz bekommen.

Das Licht im Kinosaal wird langsam dunkler. Gleich geht es los!

Die Leute knistern mit Bonbonpapier. Millie macht mit. Sie knistert mit ihrer Tüte Kartoffelchips, die Mama ihr kaufen **musste**.

Mama zischt: »Schschsch.«

Und dann fängt *Bambi* an.

Millie kennt schon fast den ganzen Film. Sie zappelt vor
Aufregung auf dem Sitz herum, weil es so spannend ist.
Dann kommt die Stelle, wo der Wald brennt.

O wie schrecklich.

Millie muss Mamas Hand anfassen. Sie weiß nicht, wie es
weitergeht, denn das hier ist die Stelle, wo sie früher immer
mit Mama hinausgehen musste, weil sie es nicht ausgehalten hat.

Bambi ist ein furchtbar trauriger Film. Millie muss Mamas
Hand hochnehmen und ein bisschen in sie reinbeißen. Sie
schlabbert Mamas Hand ganz nass.

Wie schön, dass Mama ihr die Hand überlässt. So kann Millie den ganzen Film aushalten. Millie hat es doch gewusst:
Sie ist jetzt groß geworden.

Früher hat Millie gedacht, wenn man nicht mehr Schnuller
lutscht, ist man groß. Und dann hat sie geglaubt, wenn man
schwimmen kann, ist man groß geworden. Oder wenn man
in die Schule kommt.

Stimmt nicht.

Man ist groß, wenn man *Bambi* aushalten kann. Das ist nämlich **die Probe!**

»Na, Millie«, sagt Mama, als sie wieder draußen sind.
»Wisch dir doch mal die Tränen ab. Dein Gesicht ist ja noch
ganz nass.«

Ach, das ist doch nur von der Spucke auf Mamas Hand.
Millie hat kaum weinen müssen. Nur ein kleines, kleines
bisschen, weil Bambi immer so alleine war. Da hat Millie es
viel besser. Papa und Mama lassen sie **nie** allein.
Auf dem Rückweg ist Millie gar nicht mehr traurig und
hüpft an Mamas Hand den ganzen Weg entlang. Es ist wichtig zu wissen, dass im Leben nach Weinen Lachen kommt.
Das hat Millie heute gelernt.
Man lernt über das Leben in der Schule, ja, Papa. Aber auch
im Kino.

DAGMAR CHIDOLUE

MILLIE IN PARIS

MILLIE AUF MALLORCA

MILLIE IN ITALIEN

MILLIE IN LONDON

MILLIE FEIERT WEIHNACHTEN

»Dagmar Chidolue hat eine erstaunliche Begabung,
mit Worten zu treffen, was die Kleinen (oft im
Gegensatz zu den Großen) denken und fühlen, was
ihnen bemerkenswert scheint und was nichtig.«
Hannoversche Allgemeine Zeitung

DRESSLER

Magdalen Nabb

FINCHEN FÄHRT ANS MEER

FINCHEN FREUT SICH AUF WEIHNACHTEN

FINCHEN IM KRANKENHAUS

FINCHEN IN DER SCHULE

FINCHEN UND LENA

FINCHEN WILL WAS SCHÖNES SCHENKEN

FINCHEN AUF DEM MARKT

»Magdalen Nabb weiß, was Kinder lieben:
ein bisschen Aufregung, ein bisschen Spaß,
vor allem aber ein Happy-End.
Das lustige Finchen erfüllt alle Wünsche nach
heiterer, problemloser Lektüre.«
Frankfurter Allgemeine Zeitung

DRESSLER